TRAINING LATEIN

Gerhard Metzger

Wiederholung Grammatik
Zur Vorbereitung auf die Originallektüre

STARK

ISBN 978-3-89449-114-7

© 2011 by Stark Verlagsgesellschaft mbH & Co. KG
überarbeitete Auflage
www.stark-verlag.de
1. Auflage 1986

Das Werk und alle seine Bestandteile sind urheberrechtlich geschützt. Jede vollständige oder teilweise Vervielfältigung, Verbreitung und Veröffentlichung bedarf der ausdrücklichen Genehmigung des Verlages.

Inhalt

Vorwort

Formenlehre 1
1 Das Substantiv 1
1.1 Die a-Deklination 1
1.2 Die o-Deklination 3
    1.2.1 Die Substantive auf -us 3
    1.2.2 Die Substantive auf -r/-er 3
    1.2.3 Die Substantive auf -um 4
1.3 Die konsonantische Deklination 6
    1.3.1 Stammgruppen der konsonantischen Deklination und ihr Geschlecht 8
    1.3.2 i-Stämme der 3. Deklination 10
1.4 Die u-Deklination 13
1.5 Die e-Deklination 14

2 Das Adjektiv 16
2.1 Adjektive der a- und o-Deklination 16
2.2 Adjektive der konsonantischen Deklination 17
    2.2.1 Dreiendiges Adjektiv 17
    2.2.2 Zweiendiges Adjektiv 18
    2.2.3 Einendiges Adjektiv 18
2.3 Steigerung des Adjektivs: Die Komparation 21

3 Das Adverb 23

4 Die Zahlen 25

5 Die Pronomina 28
5.1 Possessivpronomen 28
5.2 Interrogativpronomen 29
5.3 Relativpronomen 30
5.4 Demonstrativpronomen 30
5.5 Personalpronomen 32
5.6 Reflexivpronomen 33
5.7 Identitätspronomen 34
5.8 Zusammengesetzte Pronomina 36

6 Das Verbum ... 38
- 6.1 Die a-Konjugation ... 39
- 6.2 Die e-Konjugation ... 41
- 6.3 Die konsonantische Konjugation ... 44
- 6.4 Die kurzvokalischen i-Stämme der 3. Konjugation ... 47
- 6.5 Die i-Konjugation ... 48
- 6.6 Konjugationstabellen weiterer Verben ... 52
  - 6.6.1 esse ... 52
  - 6.6.2 posse ... 53
  - 6.6.3 ferre ... 54
  - 6.6.4 fieri ... 55
  - 6.6.5 velle, nolle, malle ... 56
  - 6.6.6 ire ... 57
- 6.7 Unregelmäßige Verben aller Konjugationen ... 59

Satzlehre ... 67

7 Das lateinische Satzmodell ... 67
- 7.1 Das Grundmodell ... 67
- 7.2 Attribute ... 71
- 7.3 Adverb und Adverbiale ... 72
  - 7.3.1 Der adverbial gebrauchte Ablativ ... 73
  - 7.3.2 Der adverbial gebrauchte Dativ ... 74
- 7.4 Das Supin ... 75
- 7.5 Das Prädikatsnomen ... 76

8 Die Modi ... 79
- 8.1 Der Optativ ... 79
- 8.2 Der Prohibitiv ... 81
- 8.3 Der Potentialis ... 81
- 8.4 Der Irrealis ... 82

9 Besondere Konstruktionen im Lateinischen ... 84
- 9.1 Gerundiv und Gerundium ... 84
  - 9.1.1 Das Gerundiv als Attribut ... 85
  - 9.1.2 Das Gerundiv als Prädikatsnomen ... 85
  - 9.1.3 Das Gerundiv + *esse* als Prädikat ... 86
- 9.2 Partizipialkonstruktionen ... 88
  - 9.2.1 Das Participium coniunctum ... 88
  - 9.2.2 Der Ablativus absolutus ... 91
  - 9.2.3 Die Zeitenfolge bei der Partizipialkonstruktion ... 92
  - 9.2.4 Übersetzungsmöglichkeiten für die Partizipialkonstruktion ... 92

9.3	Der AcI	94
9.4	Der NcI	98
10	**Der Fragesatz**	**99**
10.1	Die Satzfrage	100
10.2	Die Wahlfrage	101
10.3	Der Deliberativ	101
11	**Die Nebensatzarten**	**102**
11.1	Indikativ oder Konjunktiv im Nebensatz	103
11.2	Der konjunktionale Nebensatz	104
	11.2.1 Hinweise zum finalen Nebensatz	109
	11.2.2 Der Konditionalsatz	109
	11.2.3 Die Zeitenfolge in konjunktivischen Nebensätzen	111
11.3	Der Relativsatz	112
	11.3.1 Der mit einem konjunktionalen Nebensatz verschränkte Relativsatz	114
	11.3.2 Der mit einem AcI verschränkte Relativsatz	115
	11.3.3 Der relative Satzanschluss	116
11.4	Der indirekte Fragesatz	117
12	**Die Oratio obliqua**	**119**
13	**Die Satzanalyse**	**121**
13.1	Modelle zur Periodenanordnung	121
13.2	Die Analyse eines Einzelsatzes	122
13.3	Die Satzanalyse eines Textes nach der „Kästchen-" und der „Einrückmethode"	123

Lösungsvorschläge 127

Bildnachweis

Autor: Gerhard Metzger

Vorwort

Liebe Schülerin, lieber Schüler,

dieser Trainingsband erleichtert dir die schnelle **Wiederholung** der lateinischen Grammatik und ermöglicht dir somit eine optimale **Vorbereitung** auf die **Originallektüre**. Diese praktische Grammatik soll dich auch während der Lektüre begleiten und immer zur Hand sein.

Durch die Beschränkung auf das wirklich Wichtige ist ein gut **verständliches** und klar **überschaubares Kompendium** entstanden, das mit vielen **Übungsaufgaben** das Wesentliche zur **Formen- und Satzlehre** sowie zur **Satzanalyse** auf den Punkt bringt.

Diese Grammatik sollte nicht nur regelmäßig *vor jeder Klassenarbeit* wiederholt, sondern auch immer dann benutzt werden, wenn du *bei den Hausaufgaben* auf eine Wissenslücke gestoßen bist. Und die im Anhang des Buches stehenden **Lösungsvorschläge** bitte am besten erst dann anschauen, nachdem du die Aufgaben selbstständig bearbeitet hast.

Nun wünsche ich viel Erfolg und auch ein wenig Spaß beim Lernen und Wiederholen!

Gerhard Metzger

Formenlehre

1 Das Substantiv

Alle einem gemeinsamen Deklinationsschema angehörenden Substantive haben ein bestimmtes grammatisches Geschlecht (vgl. im Deutschen: der Fuß, die Wiese, das Kleid). Um dies sichtbar zu machen, wird in allen folgenden Deklinationsbeispielen durchgängig als grammatisches Signal das Adjektiv *bonus, bona, bonum* gesetzt, auch wenn es sinngemäß nicht immer passt.

bonus: männliches Geschlecht, maskulin, ein Maskulinum (m.)
bona: weibliches Geschlecht, feminin, ein Femininum (f.)
bonum: sächliches Geschlecht, neutral, ein Neutrum (n.)

Es gibt im Lateinischen sechs Kasus:

Die Kasus			
Nom.	Nominativ:	**Wer? Was?**	
Gen.	Genitiv:	**Wessen?**	
Dat.	Dativ:	**Wem?**	
Akk.	Akkusativ:	**Wen? Was?**	
Vok.	Vokativ:	(Anrede)	
Abl.	Ablativ:	**Womit? Wodurch? Wovon?**	

1.1 Die a-Deklination

Die Substantive der **a-Deklination**, auch „1. Deklination" genannt, lauten auf ein **-a** aus, das in fast allen Kasusendungen noch sichtbar ist.

Die a-Deklination				
	Singular		Plural	
Nom.	puell**a** bona	das Mädchen	puell**ae** bonae	die Mädchen
Gen.	puell**ae** bonae	des Mädchens	puell**arum** bonarum	der Mädchen
Dat.	puell**ae** bonae	dem Mädchen	puell**is** bonis	den Mädchen
Akk.	puell**am** bonam	das Mädchen	puell**as** bonas	die Mädchen
Abl.	a puell**a** bona	von dem Mädchen	a puell**is** bonis	von den Mädchen

2 Formenlehre: Das Substantiv

Alle Substantive der a-Deklination sind feminin bis auf die Substantive, die ihr natürliches Geschlecht beibehalten.

Jedes Substantiv hat in der Regel das grammatische Geschlecht seiner Deklination. Aber: Männliche Personen bleiben immer männlich, weibliche Personen bleiben immer weiblich: **Personenbezeichnungen** besitzen also ihr **natürliches Geschlecht**.

Beispiele: pirata bonus   der gute Pirat
            agricola bonus   der gute Bauer

Bei allen Deklinationsbeispielen sollte man sich diejenigen Endungen besonders einprägen, die für verschiedene Fälle in der Einzahl oder Mehrzahl gleich sind.

puell**a**:   Nom. Sg.: *das Mädchen*
          Abl. Sg.: *mit/von dem Mädchen*
          (Personen stehen im Ablativ nur mit Präposition, z. B. *cum* oder *a*)

puell**ae**:   Gen. Sg.: *des Mädchens*
           Dat. Sg.: *dem Mädchen*
           Nom. Pl.: *die Mädchen*

puell**is**:   Dat. Pl.: *den Mädchen*
          Abl. Pl.: *mit/von den Mädchen*
          (Personen stehen im Ablativ nur mit Präposition, z. B. *cum* oder *a*)

Bei Substantiven und Adjektiven aller Deklinationen hat der **Ablativ Plural** immer **dieselbe Endung wie der Dativ Plural**.

Beispiele: domin**is** bonis (Dat.)   *den guten Herr(inn)en*
            a domin**is** bonis (Abl.)   *von den guten Herr(inn)en*

Übung 1   Bestimme Kasus und Numerus (Fall und Zahl) folgender Ausdrücke, wobei du alle Möglichkeiten erfasst.

a) mensam bonam: *Akk. Sg.*   b) mensa bona
c) mensis bonis   d) mensas bonas
e) mensae bonae   f) mensarum bonarum

1.2 Die o-Deklination

Die Substantive der **o-Deklination**, auch „2. Deklination" genannt, lauten auf ein **-o** aus, das freilich nur in einigen Endungen noch sichtbar ist. Die 2. Deklination zerfällt in drei Untergruppen, nämlich die Substantive auf -us, auf -r/-er und -um.

1.2.1 Die Substantive auf -us

Die Substantive auf **-us** der o-Deklination sind **maskulin**.

Substantive der o-Deklination auf -us

	Singular		Plural	
Nom.	dominus bonus	der Herr	domini boni	die Herren
Gen.	domini boni	des Herrn	dominorum bonorum	der Herren
Dat.	domino bono	dem Herrn	dominis bonis	den Herren
Akk.	dominum bonum	den Herrn	dominos bonos	die Herren
Vok.	domine bone	Herr!	domini boni	(ihr) Herren!
Abl.	a domino bono	vom Herrn	a dominis bonis	von den Herren

Nur die Substantive der o-Deklination auf -us im Singular haben eine eigene Vokativendung. In allen anderen Fällen sind der Vokativ Singular und Plural mit den Nominativendungen identisch.

1.2.2 Die Substantive auf -r/-er

Die Substantive auf **-r/-er** der o-Deklination sind ebenfalls **maskulin**. Bei *puer* bleibt das -e- in allen Fällen erhalten (ebenso wie bei *vesper, vesperi* – der Abend, *liberi, liberorum* – die Kinder), während bei *ager* das -e- nur im Nominativ Singular auftaucht, der eigentliche Wortstock ist agr-. Der größte Teil der Substantive auf -r der o-Deklination wird wie *ager* dekliniert.

Substantive der o-Deklination auf -er

	Singular		Plural	
Nom.	puer bonus	der Junge	pueri boni	die Jungen
Gen.	pueri boni	des Jungen	puerorum bonorum	der Jungen
Dat.	puero bono	dem Jungen	pueris bonis	den Jungen
Akk.	puerum bonum	den Jungen	pueros bonos	die Jungen
Abl.	a puero bono	von dem Jungen	a pueris bonis	von den Jungen

Substantive der o-Deklination auf -r

	Singular		Plural	
Nom.	ager bonus	der Acker	agri boni	die Äcker
Gen.	agri boni	des Ackers	agrorum bonorum	der Äcker
Dat.	agro bono	dem Acker	agris bonis	den Äckern
Akk.	agrum bonum	den Acker	agros bonos	die Äcker
Abl.	agro bono	durch den Acker	agris bonis	durch die Äcker

Bei den Substantiven auf -us und -r der o-Deklination erscheinen folgende gleiche Endungen:

- dominᵢ**i**: Gen. Sg.: *des Herrn*
  Nom. Pl.: *die Herren*

- domin**o**: Dat. Sg.: *dem Herrn*
  Abl. Sg.: *mit/von dem Herrn*
  (Personen stehen im Ablativ nur mit Präposition, z. B. *cum* oder *a*)

- domin**is**: Dat. Pl.: *den Herren*
  Abl. Pl.: *mit/von den Herren*
  (Personen stehen im Ablativ nur mit Präposition, z. B. *cum* oder *a*)

1.2.3 Die Substantive auf -um

Die Substantive auf **-um** der o-Deklination sind **neutral**.

Substantive der o-Deklination auf -um

	Singular		Plural	
Nom.	bellum bonum	der Krieg	bella bona	die Kriege
Gen.	belli boni	des Kriegs	bellorum bonorum	der Kriege
Dat.	bello bono	dem Krieg	bellis bonis	den Kriegen
Akk.	bellum bonum	den Krieg	bella bona	die Kriege
Abl.	bello bono	durch den Krieg	bellis bonis	durch die Kriege

Bei den Substantive auf -um der o-Deklination tauchen folgende gleiche Endungen auf:

- bell**um**: Nom. Sg.: *der Krieg*
  Akk. Sg.: *den Krieg*

- bell**o**: Dativ Singular: *dem Krieg*
  Ablativ Singular: *mit/von dem, durch den Krieg*

bell**a**:   Nom. Pl.: *die Kriege* (wer?)
             Akk. Pl.: *die Kriege* (wen?)

bell**is**:   Dat. Pl.: *den Kriegen*
            Abl. Pl.: *mit/von den Kriegen, durch die Kriege*

Übrigens gilt für **alle Neutra** aller Deklinationen: Der Akkusativ hat immer die gleiche Endung wie der Nominativ. Die Endung für den **Nominativ Plural** und den **Akkusativ Plural** ist **-a**.

Übung 2   Bestimme Kasus und Numerus (Fall und Zahl) folgender Ausdrücke, wobei du alle Möglichkeiten erfasst.

a) agri boni
b) puer bonus
c) bella bona
d) bellum bonum
e) agrorum bonorum
f) pueris bonis
g) agrum bonum
h) bello bono
i) ager bonus
j) puerum bonum
k) agros bonos
l) dominus bonus

Die experimentelle Archäologie erfreut sich großer Beliebtheit, wie diese Gruppe „moderner römischer Legionäre" beweist.

Formenlehre: Das Substantiv

Übung 3 Übersetze folgende deutsche Substantive mit dem in der Klammer angegebenen Kasus ins Lateinische, indem du die angegebenen Wortstämme mit den zur Auswahl stehenden Kasusendungen verbindest.
Stämme: agr-, de-, domin-, don-, equ-, hort-, mens-, puer-, theatr-
Endungen: -a, -ae, -am, -i, -is, -o, -o, -orum, -us

a) der Garten (Nominativ)
b) das Pferd (Genitiv)
c) der Knabe (Dativ)
d) die Götter (Genitiv)
e) die Äcker (Dativ)
f) die Herrin (Dativ)
g) die Geschenke (Nominativ)
h) das Theater (Dativ)
i) der Tisch (Akkusativ)

Die Bühne des römischen Theaters in Merida, Spanien.

1.3 Die konsonantische Deklination

Der Stamm der Substantive der **konsonantischen Deklination**, auch „3. Deklination" genannt, endet mit einem Konsonanten. Die meisten Substantive der lateinischen Sprache gehören der 3. Deklination an. Daher ist es nicht verwunderlich, dass die 3. Deklination die farbigste ist: Sie teilt sich in eine große Zahl von Untergruppen auf. Das stellt aber keine besondere Schwierigkeit dar. Für die konsonantische Deklination gelten folgende Regeln:

1. Den **Kasus** erkennt man immer an der **Endung:**

	Singular	Plural
Nom.	–	-es
Gen.	-is	-um
Dat.	-i	-ibus
Akk.	-em	-es
Abl.	-e	-ibus

2. Da im Nominativ der Stamm eines Substantivs oft nicht sicher zu erkennen ist, gewinnt man auf folgende Weise den **Stamm eines Substantivs:**
   Man bildet den Genitiv Singular, z. B. *rex* → *regis*. Streicht man die Endung des Genitivs Singular weg, gewinnt man bei allen Substantiven den Stamm, hier: *reg-*.
3. Die Kasusendungen treten an den bloßen Stamm (z. B. *regis, regi, regem*).
4. Jede an ihrem **besonderen Stamm** erkennbare Untergruppe der 3. Deklination hat ein **bestimmtes grammatisches Geschlecht**, das man sich unbedingt merken muss. Auch die Ausnahmen sollte man sich einprägen.

Substantive der konsonantischen Deklination

	Singular		Plural	
Nom.	orator bonus	der Redner	oratores boni	die Redner
Gen.	oratoris boni	des Redners	oratorum bonorum	der Redner
Dat.	oratori bono	dem Redner	oratoribus bonis	den Rednern
Akk.	oratorem bonum	den Redner	oratores bonos	die Redner
Abl.	ab oratore bono	von dem Redner	ab oratoribus bonis	von den Rednern

Bei den Substantiven der 3. Deklination treten also folgende gleiche Endungen auf:

orator**es**: Nom. Pl.: *die Redner* (wer?)
           Akk. Pl.: *die Redner* (wen?)

orator**ibus**: Dat. Pl.: *den Rednern*
            Abl. Pl.: *von/mit den Rednern*

1.3.1 Stammgruppen der konsonantischen Deklination und ihr Geschlecht

Maskulina der konsonantischen Deklination		
auf **-l, -lis**	consul, consulis	der Konsul
auf **-or, -oris**	orator, oratoris	der Redner
	Ausnahmen:	
	arbor[1] (bona) *der Baum* →	natürliches Geschlecht
	uxor (bona) *die Gattin* →	natürliches Geschlecht
	soror (bona) *die Schwester* →	natürliches Geschlecht
	aequor (bonum) *das Meer*	
auf **-os, -oris**	honos, honoris	die Ehre
	Ausnahmen:	
	tellus[2] (bona) *die Erde* →	natürliches Geschlecht
	os (bonum) *der Mund*	
auf **-er, -(e)ris**	agger[3], aggeris	der Damm
	frater[3], fratris	der Bruder
	Ausnahmen:	
	mater (bona) *die Mutter* →	natürliches Geschlecht
	mulier (bona) *die Frau* →	natürliches Geschlecht
	iter[4] (bonum) *die Reise*	
	ver (bonum) *der Frühling*	
	cadaver (bonum) *der Leichnam*	
auf **-es, -itis**	eques, equitis	der Reiter

1 Die Römer dachten sich die Bäume von Baumnymphen bewohnt.
2 Die Römer dachten auch hier an eine weibliche Person, die Mutter Erde; das ursprüngliche *tellos, telloris* ist zu *tellus, telluris* abgelautet.
3 *agger* behält das *-e-* in allen Kasus, *frater* hat es nur im Nominativ Singular.
4 *iter* bildet den unregelmäßigen Genitiv *itineris*.

Feminina der konsonantischen Deklination		
auf **-o, -onis**	oratio, orationis	die Rede
und **-o, -inis**	imago, imaginis	das Bild
	Ausnahmen:	
	homo[5] (bonus) *der Mensch* → natürliches Geschlecht	
	sermo[6] (bonus) *die Rede*	
	leo[6] (bonus) *der Löwe*	
	ordo[6] (bonus) *die Ordnung*	

5 Beim Begriff „Mensch" dachte man in der Antike zuerst an den Mann: *homo, hominis*.
6 *sermo, sermonis; leo, leonis; ordo, ordinis*.

auf -**as**, -**atis**, -**es**, -**etis**[1], -**os**, -**otis**[1], -**us**, -**utis**[1]	aetas, aetatis seges, segetis dos, dotis virtus, virtutis	das (Zeit-)Alter das Saatfeld die Mitgift die Tugend
	Ausnahmen: custos (bonus) *der Wächter* sacerdos (bonus) *der Priester* pes[2] (bonus) *der Fuß*	→ natürliches Geschlecht → natürliches Geschlecht
auf den Nominativ -**s** nach p- oder k-Laut	trabs, trabis pax, pacis	der Balken der Friede
	Ausnahmen: dux[3] (bonus) *der Führer* iudex[3] (bonus) *der Richter* princeps[3] (bonus) *der erste Mann* rex[3] (bonus) *der König* senex[3] (bonus) *der alte Mann* grex[3] (bonus) *die Herde*	→ natürliches Geschlecht → natürliches Geschlecht → natürliches Geschlecht → natürliches Geschlecht → natürliches Geschlecht

Neutra der konsonantischen Deklination		
auf -**men**, -**minis**	carmen, carminis	das Lied
auf -**us**, -**oris**	litus, litoris	die Küste
auf -**us**, -**eris**	sidus, sideris	das Gestirn

1 Es kommen auch Endungen mit -*d*- vor, z. B. *merces, mercedis:* der Lohn; *custos, custodis:* der Wächter; *palus, paludis:* der Sumpf.
2 *pes, pedis.*
3 Beachte die zum Teil unregelmäßigen Genitive: *ducis, iudicis, principis, regis, senis, gregis.*

Einzelwörter der konsonantischen Deklination

Manche Substantive der 3. Deklination sind keiner der besprochenen Untergruppen zuzuordnen, es handelt sich gewissermaßen um Einzelgänger. Man kann sie, wenn man den Genitiv kennt, deklinieren. Außerdem muss man sich ihr grammatisches Geschlecht einprägen.

Beispiele: cor, cordis (bonum) das Herz
            vas, vasis (bonum)   das Gefäß
            aes, aeris (bonum)   das Erz
            sanguis, sanguinis (bonum) das Blut

Übung 4 Bei folgenden Ausdrücken fehlen die Endungen der Substantive, die du aber, ausgehend von den Endungen der Adjektive, leicht ergänzen kannst. Wo zwei Lösungen möglich sind, nenne beide Endungen.

a) matr_____	bonarum	b) tellur_____	bonae
c) oration_____	pulchras	d) homin_____	antiquis
e) in seget_____	frugifera	f) orator_____	severis
g) custod_____	fido	h) uxor_____	bonam
i) consul_____	praeclari	j) mercator_____	mortuum
k) aequor_____	lata	l) cum soror_____	cara
m) sal_____	album	n) duc_____	peritum
o) patr_____	meum	p) sol_____	calido
q) maior_____	antiqui	r) consul_____	perito
s) carmin_____	pulchra	t) in litor_____	alto
u) imagin_____	pulchrarum	v) cum equit_____	inimicis
w) matr_____	caram	x) agger_____	altos
y) ped_____	parvo	z) iudic_____	severorum

1.3.2 i-Stämme der 3. Deklination

Nun wenden wir uns einer besonderen Gruppe der 3. Deklination zu, den sogenannten i-Stämmen. Den i-Stämmen gehören Substantive der 3. Deklination an, die ursprünglich auf -i- auslauteten. Dieser **Stammausgang -i-** ist aber nur in ganz wenigen Kasusendungen erhalten.

Die i-Stämme lassen sich nach ihrem grammatischen Geschlecht in zwei Untergruppen einteilen: in die **Feminina der i-Stämme** und die **Neutra** auf **-e, -al** und **-ar**.

Feminina der i-Stämme
- Substantive auf **-es, -is** und **-is, -is**, die im Nominativ und Genitiv die gleiche Silbenzahl haben: Man nennt sie deshalb die **Gleichsilbigen** auf **-es** und **-is**.
- Substantive mit der Nominativendung -s nach zwei oder mehreren vorhergehenden Konsonanten.

Alle **Feminina** der i-Stämme haben das -i- nur noch im **Genitiv Plural**: -ium.

Neutra der i-Stämme auf -e, -al und -ar
Sie haben das -i- noch im **Ablativ Singular**: -i, im **Genitiv Plural**: -ium, im **Nominativ** und **Akkusativ** Plural: -ia.

Feminina der i-Stämme		
auf -**es**, -**is** und -**is**, -**is**	nubes, nubis	die Wolke
	navis, navis	das Schiff
	Ausnahmen:	
	iuvenis[1] (bonus) *der junge Mann*	→ natürliches Geschlecht
	finis (bonus) *die Grenze*	
	fascis (bonus) *das Rutenbündel*	
	mensis (bonus) *der Monat*	
	orbis (bonus) *der Kreis*	
mit der Nominativendung -**s** nach zwei oder mehreren vorhergehenden Konsonanten	arx[2], arcis (Gen. Pl.: arcium)	die Burg
	Ausnahmen:	
	adulescens[3] (bonus) *der junge Mann*	→ natürliches Geschlecht
	parentes[3] (boni)[4] *die Eltern*	→ natürliches Geschlecht
	dens (bonus) *der Zahn*	
	fons (bonus) *die Quelle*	
	mons (bonus) *der Berg*	
	pons (bonus) *die Brücke*	

Neutra der i-Stämme auf -e, -al und -ar		
auf -**e**, -**is**, auf -**al**, -**alis** und -**ar**, -**aris**	mare, maris	das Meer
	animal, animalis	das Lebewesen
	par, paris	das Paar

1 Im Genitiv Plural Ausnahme: *iuvenum*.
2 *arcs → arx*.
3 Neben den Genitiven *adulescentium, parentium* kommen auch *adulescentum, parentum* vor.
4 Ein Pluralwort; der Singular wird selten verwendet: *parens, parentis* – der Vater, die Mutter.

Übung 5 Setze neben die Formen von *orator* die entsprechenden Formen von *navis* und *mare*.

a) oratores (Nominativ)
b) oratorem
c) oratore
d) oratorum
e) orator
f) oratoris
g) oratores (Akkusativ)
h) oratoribus

Übung 6 Kennzeichne das Geschlecht folgender Substantive durch das Signal *bonus, -a, -um*.

a) trabs, trabis
b) agger, aggeris
c) homo, hominis
d) orator, oratoris
e) sidus, sideris
f) aetas, aetatis

g) pes, pedis
h) arx, arcis
i) navis, navis
j) uxor, uxoris
k) dos, dotis
l) pons, pontis
m) tellus, telluris
n) princeps, principis
o) consul, consulis
p) mare, maris
q) carmen, carminis
r) ver, veris
s) arbor, arboris
t) finis, finis
u) eques, equitis
v) animal, animalis
w) oratio, orationis
x) custos, custodis
y) lex, legis
z) virtus, virtutis

Übung 7

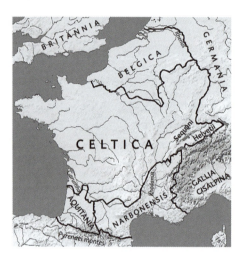

Schreibe aus folgendem Text (Caesar, De bello Gallico 1,1,5–7) alle Substantive der 3. Deklination heraus und bestimme ihren Kasus.

Eorum una pars, quam Gallos obtinere dictum est, initium capit a flumine Rhodano, continetur Garumna flumine, Oceano, finibus Belgarum, attingit etiam ab Sequanis et Helvetiis flumen Rhenum, vergit ad septentriones. Belgae ab extremis Galliae finibus oriuntur, pertinent ad inferiorem partem fluminis Rheni, spectant in septentrionem et orientem solem. Aquitania a Garumna flumine ad Pyrenaeos montes et eam partem Oceani, quae est ad Hispaniam, pertinet; spectat inter occasum solis et septentriones.

1.4 Die u-Deklination

Die 4. Deklination heißt auch die **u-Deklination**, weil die Substantive der 4. Deklination auf ein **-u-** auslauten, das in fast allen Endungen noch sichtbar ist:

Die u-Deklination

	Singular		Plural	
Nom.	ritus bonus	der Brauch	ritus boni	die Bräuche
Gen.	ritus boni	des Brauches	rituum bonorum	der Bräuche
Dat.	ritui bono	dem Brauch	ritibus bonis	den Bräuchen
Akk.	ritum bonum	den Brauch	ritus bonos	die Bräuche
Abl.	ritu bono	durch den Brauch	ritibus bonis	durch die Bräuche

Die Substantive der u-Deklination sind also **maskulin**, bis auf zwei feminine Ausnahmen:

manus bona – *die gute Hand*
domus bona – *das gute Haus*

Das Wort *domus* ist auch sonst eigenwillig. Es hat drei Endungen der o-Deklination übernommen, nämlich den Ablativ Singular: *domo bona*, den Genitiv Plural: *domorum bonarum* und den Akkusativ Plural: *domos bonas*.

Bei Substantiven der u-Deklination tauchen folgende gleiche Endungen auf:

rit**us**: Nom. Sg.: *der Brauch*
Gen. Sg.: *des Brauches*
Nom. Pl.: *die Bräuche* (wer oder was?)
Akk. Pl: *die Bräuche* (wen oder was?)

rit**ibus**: Dat. Pl.: *den Bräuchen*
Abl. Pl.: *mit/von den Bräuchen, durch die Bräuche*

Übung 8 Übersetze folgende Sätze und bestimme dabei den Kasus der Substantive aus der u-Deklination.
a) Marcus metus magnos habebat.
b) Bonis magistratibus Cato tumultum malum vitabat.
c) Vultus avi hodie severus erat.
d) Impetus exercitus periculosi incolae Romae bene prohibuerant.
e) Romani principatum senatus non timebant.
f) Casus mali domino magnas curas parabant.

Übung 9 Setze neben folgende Formen von *ritus antiquus* die ihnen in Kasus und Numerus entsprechenden Formen von *domus ampla*.

a) ritibus antiquis (Ablativ)
b) ritus antiqui (Genitiv)
c) ritus antiqui (Nominativ)
d) ritui antiquo
e) rituum antiquorum
f) ritum antiquum
g) ritibus antiquis (Dativ)
h) ritus antiquos
i) ritu antiquo
j) ritus antiquus

1.5 Die e-Deklination

Die 5. Deklination heißt auch die **e-Deklination**, weil die Substantive der 5. Deklination auf ein **-e** auslauten, das in allen Endungen sichtbar ist:

Die e-Deklination

	Singular		Plural	
Nom.	**res** bona	die Sache	**res** bonae	die Sachen
Gen.	**rei** bonae	der Sache	**rerum** bonarum	der Sachen
Dat.	**rei** bonae	der Sache	**rebus** bonis	den Sachen
Akk.	**rem** bonam	die Sache	**res** bonas	die Sachen
Abl.	**re** bona	durch die Sache	**rebus** bonis	durch die Sachen

Die Substantive der e-Deklination sind also feminin. Ausnahme:

dies bonus – *der gute Tag*

Bei den Substantiven der e-Deklination tauchen folgende gleiche Endungen auf:

res: Nom. Sg.: *die Sache*
Nom. Pl.: *die Sachen* (wer oder was?)
Akk. Pl.: *die Sachen* (wen oder was?)

rei: Gen. Sg.: *der Sache* (wessen?)
Dat. Sg.: *der Sache* (wem?)

rebus: Dat. Pl.: *den Sachen*
Abl. Pl.: *mit/von den, durch die Sachen*

An folgenden Testaufgaben kannst du überprüfen, ob du die bisher wiederholte Grammatik sicher beherrschst.

Übung 10 Stelle bei folgenden Formen den vorliegenden Kasus (Fall) und die Zahl (Numerus: Singular oder Plural) fest.
- a) bella
- b) agri
- c) rei
- d) mensae
- e) horto
- f) ritum
- g) mensa
- h) rituum
- i) pueris

Übung 11 Kennzeichne das Geschlecht (Genus) folgender Substantive, indem du zu jedem Substantiv ein *m* für maskulin, ein *f* für feminin oder ein *n* für neutral schreibst.
- a) hortus
- b) domus
- c) res
- d) bellum
- e) puer
- f) dies
- g) ager
- h) agricola
- i) ritus
- j) mensa

Übung 12 Bilde zu folgenden Substantiven der 3. Deklination den Genitiv (damit gewinnst du den Stamm) und kennzeichne ihr Geschlecht durch ein *m* für maskulin, ein *f* für feminin und ein *n* für neutral.
- a) trabs
- b) agger
- c) homo
- d) orator
- e) sidus
- f) aetas
- g) pes
- h) arx
- i) navis
- j) uxor
- k) dos
- l) pons
- m) tellus
- n) princeps
- o) consul
- p) carmen
- q) ver
- r) arbor
- s) finis
- t) eques
- u) animal

Übung 13 Schreibe aus Übung 12 die Substantive heraus, die den i-Stämmen angehören, und setze sie auch in den Genitiv Plural.

2 Das Adjektiv

2.1 Adjektive der a- und o-Deklination

Die Adjektive der **a- und o-Deklination** sind **dreiendig**, das heißt, sie haben für jedes Geschlecht eine eigene Endung, z. B. *bonus, bona, bonum* – „gut" oder *pulcher, pulchra, pulchrum* – „schön".

maskulin: vir bonus – *der gute Mann*

	Singular	Plural
Nom.	vir bon**us**	viri bon**i**
Gen.	viri bon**i**	virorum bon**orum**
Dat.	viro bon**o**	viris bon**is**
Akk.	virum bon**um**	viros bon**os**
Abl.	viro bon**o**	viris bon**is**

feminin: femina bona – *die gute Frau*

	Singular	Plural
Nom.	femina bon**a**	feminae bon**ae**
Gen.	feminae bon**ae**	feminarum bon**arum**
Dat.	feminae bon**ae**	feminis bon**is**
Akk.	feminam bon**am**	feminas bon**as**
Abl.	femina bon**a**	feminis bon**is**

neutral: animal bonum – *das gute Tier*

	Singular	Plural
Nom.	animal bon**um**	animalia bon**a**
Gen.	animalis bon**i**	animalium bon**orum**
Dat.	animali bon**o**	animalibus bon**is**
Akk.	animal bon**um**	animalia bon**a**
Abl.	animali bon**o**	animalibus bon**is**

2.2 Adjektive der konsonantischen Deklination

Die Adjektive der konsonantischen Deklination gehören den **i-Stämmen** an. Das **-i-** ist noch erhalten im **Ablativ Singular: -i,** im **Genitiv Plural: -ium** und im **Nominativ** und **Akkusativ Plural** des **Neutrums: -ia**.
Es gibt dreiendige, zweiendige und einendige Adjektive der 3. Deklination.

Die **Kasusendungen** der Adjektive aus der konsonantischen Deklination werden an den **Stamm** angehängt. Der Stamm wird durch die Streichung der Genitivendung gewonnen, das heißt, der Genitiv muss jeweils dazugelernt werden.

2.2.1 Dreiendiges Adjektiv

acer, acris, acre – *scharf, hitzig, temperamentvoll*

maskulin: vir acer – *der temperamentvolle Mann*

	Singular	Plural
Nom.	vir acer	viri acres
Gen.	viri acris	virorum acrium
Dat.	viro acri	viris acribus
Akk.	virum acrem	viros acres
Abl.	viro acri	viris acribus

feminin: femina acris – *die temperamentvolle Frau*

	Singular	Plural
Nom.	femina acris	feminae acres
Gen.	feminae acris	feminarum acrium
Dat.	feminae acri	feminis acribus
Akk.	feminam acrem	feminas acres
Abl.	femina acri	feminis acribus

neutral: animal acre – *das temperamentvolle Tier*

	Singular	Plural
Nom.	animal acre	animalia acria
Gen.	animalis acris	animalium acrium
Dat.	animali acri	animalibus acribus
Akk.	animal acre	animalia acria
Abl.	animali acri	animalibus acribus

2.2.2 Zweiendiges Adjektiv

fortis, forte – *tapfer*

vir fortis – der tapfere Mann

	Singular	Plural
Nom.	vir fortis	viri fortes
Gen.	viri fortis	virorum fortium
Dat.	viro forti	viris fortibus
Akk.	virum fortem	viros fortes
Abl.	viro forti	viris fortibus

femina fortis – die tapfere Frau

	Singular	Plural
Nom.	femina fortis	feminae fortes
Gen.	feminae fortis	feminarum fortium
Dat.	feminae forti	feminis fortibus
Akk.	feminam fortem	feminas fortes
Abl.	femina forti	feminis fortibus

animal forte – das tapfere Tier

	Singular	Plural
Nom.	animal forte	animalia fortia
Gen.	animalis fortis	animalium fortium
Dat.	animali forti	animalibus fortibus
Akk.	animal forte	animalia fortia
Abl.	animali forti	animalibus fortibus

2.2.3 Einendiges Adjektiv

felix – *glücklich*

vir felix – der glückliche Mann

	Singular	Plural
Nom.	vir felix	viri felices
Gen.	viri felicis	virorum felicium
Dat.	viro felici	viris felicibus
Akk.	virum felicem	viros felices
Abl.	viro felici	viris felicibus

Formenlehre: Das Adjektiv

femina felix – *die glückliche Frau*

	Singular	Plural
Nom.	femina felix	feminae felices
Gen.	feminae felicis	feminarum felicium
Dat.	feminae felici	feminis felicibus
Akk.	feminam felicem	feminas felices
Abl.	femina felici	feminis felicibus

animal felix – *das glückliche Tier*

	Singular	Plural
Nom.	animal felix	animalia felicia
Gen.	animalis felicis	animalium felicium
Dat.	animali felici	animalibus felicibus
Akk.	animal felix	animalia felicia
Abl.	animali felici	animalibus felicibus

Beispiele weiterer einendiger Adjektive der 3. Deklination:

constans, constantis – *standhaft*
audax, audacis – *wagemutig*
iners, inertis – *ungeschickt, träge*
memor, memoris – *eingedenk*

Übung 14 Dekliniere:
a) homo malus (ein böser Mensch)
b) servus iners (ein fauler Sklave)

Übung 15 Erweitere folgende Substantive um das in Klammern stehende Adjektiv. Beachte dabei Kasus, Numerus und Genus.
a) donorum (iucundus, -a, -um: erfreulich)
b) mulieris (pulcher, -a, -um: schön)
c) negotio (facilis, -e: leicht)
d) hominum (malus, -a, -um: schlecht)
e) domorum (amplus, -a, -um: geräumig)
f) rebus (gravis, -e: ernst)
g) in ponte (altus, -a, -um: hoch)
h) Romani (omnis, -e: all, ganz, jeder)
i) verba (severus, -a, -um: streng)

j) in agro (fertilis, -e: fruchtbar)
k) flumina (latus, -a, -um: breit)
l) rem (necessarius, -a, -um: notwendig)
m) lege (iustus, -a, -um: gerecht)
n) carmine (pulcher, -chra, -chrum: schön)
o) in mari (vastus, -a, -um: weit)
p) telluris (frugifer, -a, -um: fruchtbar)
q) cum hospite (bonus, -a, -um: gut)
r) orationem (clarus, -a, -um: berühmt)
s) piratas (periculosus, -a, -um: gefährlich)
t) equo (celer, -eris, -e: schnell)
u) plantis (saluber, -bris, -bre: heilsam)
v) panem (calidus, -a, -um: warm)
w) die (festus, -a, -um: festlich)
x) animal (magnus, -a, -um: groß)
y) inimici (acer, acris, acre: hitzig)

Handelsschiffe, wie das hier auf einem Mosaikfußboden abgebildete, stellten ein begehrtes Angriffsziel von Seeräubern dar. Ostia, Forum der Korporationen

2.3 Steigerung des Adjektivs: Die Komparation

Die Grundstufe des Adjektivs (Positiv) kann in die Vergleichsstufe (Komparativ) und die Höchststufe (Superlativ) gesetzt werden.

Der Komparativ
Der Komparativ, der erste Steigerungsgrad, wird gebildet, indem an den Stamm des Adjektivs im Nominativ die Endungen **-ior** bei **Maskulina** und **Feminina** sowie **-ius** bei den **Neutra** treten. Der Komparativ ist **zweiendig** und wird nach der **3. Deklination** dekliniert:

Beispiele:	vir fortior, viri fortioris	*der tapferere Mann*
	femina fortior, feminae fortioris	*die tapferere Frau*
	animal fortius, animalis fortioris	*das tapferere Tier*

Der Superlativ
Der Superlativ, der zweite Steigerungsgrad, wird gebildet, indem an den Stamm des Adjektivs folgende Endungen treten: **-issimus, -issima, -issimum**.
Der Superlativ wird nach der a- und o-Deklination dekliniert:

Beispiele:	vir fortissimus, viri fortissimi	*der tapferste Mann*
	femina fortissima, feminae fortissimae	*die tapferste Frau*
	animal fortissimum, animalis fortissimi	*das tapferste Tier*

Wenn nicht klar ist, womit verglichen wird, kann der Komparativ auch mit **ziemlich/zu** übersetzt werden:

fossa latior – *ein ziemlich breiter / zu breiter Graben*

Häufig drückt der Superlativ nicht das höchste, sondern nur ein sehr hohes Maß aus. Man spricht dann vom **Elativ:**

vir fortissimus – *ein sehr tapferer Mann*

Bei Adjektiven, die auf **-r** enden, wird statt -issimus, -issima, -issimum die Endung **-rimus, -rima, -rimum** an den Nominativ Singular des Maskulinums angefügt:

puella pulcherrima – *das schönste Mädchen*
ingenium acerrimum – *der schärfste Verstand*

Die Adjektive *facilis*, *similis* und *humilis* hängen beim Superlativ die Endung **-limus, -lima, -limum** an den Wortstock.

facilis, -e → facillimus, -a, -um
similis, -e → simillimus, -a, -um
humilis, -e → humillimus, -a, -um

Bei folgenden Ausnahmen werden der **Komparativ** und der **Superlativ** von einem **jeweils anderen Stamm** gebildet.

Das Adjektiv					
Positiv		**Komparativ**		**Superlativ**	
bonus, -a, -um	gut	melior, -ius	besser	optimus, -a, -um	der, die, das beste
malus, -a, -um	schlecht	peior, -ius	schlechter	pessimus, -a, -um	der, die, das schlechteste
parvus, -a, -um	klein	minor, -us	kleiner	minimus, -a, -um	der, die, das kleinste
magnus, -a, -um	groß	maior, -ius	größer	maximus, -a, -um	der, die, das größte
multi, -ae, -a	viele	plures, -a	mehr	plurimi, -ae, -a	die meisten

Übung 16 Bringe lateinisch folgende Ausdrücke in den verlangten Kasus und setze dabei gleichzeitig das Adjektiv erst in den Komparativ und anschließend in den Superlativ.

a) multi homines (viele Menschen) Dativ
b) vir pulcher (ein schöner Mann) Akkusativ
c) feminae pulchrae (schöne Frauen) Dativ
d) equus celer (das schnelle Pferd) Genitiv
e) templa ampla (geräumige Tempel) Akkusativ
f) ventus asper (der raue Wind) Ablativ
g) eques audax (der kühne Reiter) Akkusativ
h) sol acer (die grelle Sonne) Ablativ
i) frater parvus (der kleine Bruder) Genitiv
j) animal ferox (das wilde Tier) Akkusativ
k) muri alti (die hohen Mauern) Dativ
l) puer miser (der arme Knabe) Akkusativ
m) villa antiqua (ein altes Landhaus) Genitiv

n) templum antiquum (der alte Tempel)   Nominativ
o) libri clari (berühmte Bücher)   Akkusativ
p) canes celeres (die schnellen Hunde) Genitiv
q) mores mali (ein schlechter Charakter) Akkusativ

Die „Maison Carrée" in Nîmes gilt als der am besten erhaltene Tempel aus römischer Zeit.

3 Das Adverb

Während ein Adjektiv meist ein als Subjekt oder Objekt stehendes Substantiv näher bestimmt (z. B. *virum fortem* – den tapferen Mann), beschreibt das Adverb die Art und Weise der Handlung des Satzes näher, es steht beim Prädikat (*vir fortiter pugnat* – der Mann kämpft tapfer). Viele Adverbien sind von Adjektiven abgeleitet. Daneben gibt es noch eine Reihe anderer Adverbien, wie z. B. *clam* – „heimlich", *saepe* – „oft", *subito* – „plötzlich", *heri* – „gestern". Letztere müssen jedoch extra gelernt werden.

Formenlehre: Das Adverb

Die Adjektive der a- und o-Deklination werden durch die Endung **-e**, die Adjektive der 3. Deklination durch die Endungen **-iter** oder **-ter** zum Adverb.

Beispiele: Orator pulchre loquitur. (pulcher, -a, -um) *Der Redner spricht schön.*
Miles fortiter pugnat. (fortis, -e) *Der Soldat kämpft tapfer.*
Miles audacter pugnat. (audax, audacis) *Der Soldat kämpf mutig.*

Der **Komparativ** des Adverbs wird mit der Endung des Nominativ/Akkusativ Singular des Neutrums **-ius**, der **Superlativ** des Adverbs wiederum mit der Endung **-issime (-rime, -lime)** gebildet:

Das Adverb					
Positiv		**Komparativ**		**Superlativ**	
pulchre	schön	pulchrius	schöner	pulcherrime	am schönsten
fortiter	tapfer	fortius	tapferer	fortissime	am tapfersten
audacter	mutig	audacius	mutiger	audacissime	am mutigsten

Übung 17 Übersetze!

a) Das Pferd springt (salit) hoch.
b) Die Frau ist tapfer und klüger als ihr Mann.
c) Die Frau denkt tapfer und klüger als ihr Mann.
d) Markus kämpfte tapferer in der Schlacht als sein Gegner.
e) Quintus eilte schnellstens in die Stadt.

Übung 18 In den folgenden Sätzen steht einmal das Adjektiv, dann das Adverb. Übersetze sie ins Lateinische.

a) Die Frau ist schön.
b) Die Frau handelt schön.
c) Der Soldat ist tapfer.
d) Der Soldat handelt tapfer.
e) Der Sklave ist sehr schnell.
f) Der Sklave handelt sehr schnell.

Zwei kampfbereite Legionäre (2. Hälfte des 1. Jh. n. Chr). Ausschnitt aus einem Säulensockel, der in Mainz-Kästrich gefunden wurde. Mainz, Landesmuseum

g) Der Verbrecher ist ziemlich schlecht.
h) Der Verbrecher handelt ziemlich schlecht.
i) Der König ist sehr gut.
j) Der König handelt sehr gut.
k) Der Tyrann ist grausam.
l) Der Tyrann handelt grausam.
m) Der Redner ist gut.
n) Der Redner handelt gut (bene).

4 Die Zahlen

Im Lateinischen werden vier Arten von Zahlen unterschieden:

- Grundzahlen **(Cardinalia):** unus, duo, tres … *(ein, zwei, drei)*
- Ordnungszahlen **(Ordinalia):** primus, secundus, tertius … *(der erste, der zweite, der dritte)*
- Einteilungszahlen **(Distributiva):** singuli, bini, terni … *(je ein, je zwei, je drei oder: einzeln, zu zweit, zu dritt)*
- **Zahladverbien:** semel, bis, ter … *(einmal, zweimal, dreimal)*

Bis auf die ersten drei Zahlen sind die Distributiva und die Zahladverbien so selten, dass sie hier vernachlässigt werden können. Für die Aufschlüsselung von Cardinalia und Ordinalia genügt es, sich folgende Zahlen zu merken:

Die Zahlen			
Grundzahlen		**Ordnungszahlen**	
unus, -a, -um	ein	primus, -a, -um	der erste
duo, duae, duo	zwei	secundus, -a, -um	der zweite
tres, tria[1]	drei	tertius, -a, -um	der dritte
quattuor	vier	quartus, -a, -um	der vierte
quinque	fünf	quintus, -a, -um	der fünfte
sex	sechs	sextus, -a, -um	der sechste
septem	sieben	septimus, -a, -um	der siebte
octo	acht	octavus, -a, -um	der achte
novem	neun	nonus, -a, -um	der neunte
decem	zehn	decimus, -a, -um	der zehnte

1 *tres, tria* ist zweiendig, hat also für Maskulinum und Femininum dieselbe Endung.

undecim	elf	undecimus, -a, -um	der elfte
duodecim	zwölf	duodecimus, -a, -um	der zwölfte
tredecim	dreizehn	tertius decimus, -a, -um	der dreizehnte
quattuordecim	vierzehn	quartus decimus, -a, -um	der vierzehnte
quindecim	fünfzehn	quintus decimus, -a, -um	der fünfzehnte
sedecim	sechzehn	sextus decimus, -a, -um	der sechzehnte
septendecim	siebzehn	septimus decimus, -a, -um	der siebzehnte
duodeviginti[1]	achtzehn	duodevicesimus, -a, -um	der achtzehnte
undeviginti	neunzehn	undevicesimus, -a, -um	der neunzehnte
viginti	zwanzig	vicesimus, -a, -um	der zwanzigste
viginti unus bzw. unus et viginti	einundzwanzig	vicesimus primus bzw. unus et vicesimus	der einundzwanzigste
triginta	dreißig	tricesimus, -a, -um	der dreißigste
quadraginta	vierzig	quadragesimus, -a, -um	der vierzigste
quinquaginta	fünfzig	quinquagesimus, -a, -um	der fünfzigste
sexaginta	sechzig	sexagesimus, -a, -um	der sechzigste
sept**ua**ginta	siebzig	septuagesimus, -a, -um	der siebzigste
octoginta	achtzig	octogesimus, -a, -um	der achtzigste
nonaginta	neunzig	nonagesimus, -a, -um	der neunzigste
centum	hundert	centesimus, -a, -um	der hundertste
ducenti, -ae, -a	200	ducentesimus, -a, -um	der zweihundertste
trecenti, -ae, -a	300	trecentesimus, -a, -um	der dreihundertste
quadr**ing**enti, -ae, -a	400	quadringentesimus, -a, -um	der vierhundertste
qu**ing**enti, -ae, -a	500	quingentesimus, -a, -um	der fünfhundertste
ses**c**enti, -ae, -a	600	sescentesimus, -a, -um	der sechshundertste
sept**ing**enti, -ae, -a	700	septingentesimus, -a, -um	der siebenhundertste
oct**ing**enti, -ae, -a	800	octingentesimus, -a, -um	der achthundertste
nongenti, -ae, -a	900	nongentesimus, -a, -um	der neunhundertste
mille	1 000	millesimus, -a, -um	der tausendste
duo milia[2]	2 000	bis millesimus, -a, -um[3]	der zweitausendste

[1] Wörtlich: „zwei von zwanzig (abgezogen)".
[2] Eigentlich: „zwei Tausender"; Genitiv: *duorum milium*.
[3] Eigentlich: „zweimal der Tausendste".

Die **Ordnungzahlen** erkennt man gleich an der Endung: Sie werden wie ein Adjektiv der a- und o-Deklination dekliniert:

    bonus, bona, bonum – primus, prima, primum

Von den **Grundzahlen**, und das ist eine wichtige Übersetzungshilfe, werden nur **unus**, -a, -um, **duo**, duae, duo und **tres**, tria dekliniert:

Nom.	unus, una, unum	duo, duae, duo	tres, tria
Gen.	unius, unius, unius	duorum, duarum, duorum	trium, trium
Dat.	uni, uni, uni	duobus, duabus, duobus	tribus, tribus
Akk.	unum, unam, unum	duo (od. duos), duas, duo	tres, tria
Abl.	uno, una, uno	duobus, duabus, duobus	tribus, tribus

Auch die Hunderter ab 200 werden dekliniert:

   ducenti, ducentae, ducenta
   ducentorum, ducentarum, ducentorum usw.

Die **Zehner** erkennt man an der Endung **-ginta**.
Die **Hunderter** erkennt man an der Endung **-centi,- ae, -a**[1] oder **-genti, -ae,- a**[1].

1 Von *centum* abgeleitet.

Da sich alle Zahlen aus den in unserer Tabelle enthaltenen Zahlen zusammensetzen lassen, können nun alle in Texten begegnenden Zahlen durch Addition der Einzelzahlen entziffert werden.

   tria milia trecenti triginta tres equites – *3 333 Reiter*
   anno p. Chr. n. millesimo nongentesimo duodesexagesimo –
   im Jahre 1958 n. Chr.

Übung 19 Übertrage folgende Sätze ins Deutsche.
a) Sex et viginti liberi scholam frequentant.
b) Ducentae viginti quinque naves hostes incursaverunt.
c) Anno a. Chr. n. septingentesimo quinquagesimo tertio Roma orta est.

Unterrichtsszene: Der Lehrer in der Mitte des Bildes begrüßt einen eintretenden Schüler. Zwei weitere Schüler studieren Papyrusrollen.
Relief, Neumagen, 2. Jh. n. Chr. Trier, Rheinisches Landesmuseum

5 Die Pronomina

Das Pro-Nomen steht als „Für-Wort" für oder anstelle eines Substantivs oder Adjektivs.

Video virum.	Ich sehe den Mann.
Video **eum**.	Ich sehe _ihn_.
Vidi pulchram feminam.	Ich sah eine schöne Frau.
Vidi **aliquam** feminam.	Ich sah _irgendeine_ Frau.

5.1 Possessivpronomen

Am einfachsten ist die Deklination des Possessivpronomens, da es wie ein Adjektiv der a- und o-Deklination dekliniert wird.

Possessivpronomen			
meus, -a, -um	mein	noster, -a, -um	unser
tuus, -a, -um	dein	vester, -a, -um	euer
suus, -a, -um	sein, ihr, sein	suus, -a, -um	ihr

Übung 20 Übersetze folgende Ausdrücke mit Possessivpronomen. Achte darauf, dass es sich wie das Adjektiv in Kasus, Numerus und Genus nach seinem Substantiv richtet.

a) meine Freundin (Nom.)
b) deinen Großvater (Akk.)
c) unserer Städte (Gen.)
d) euren Freunden (Dat.)
e) in seinem Landhaus (Abl.)
f) mit deinem Pferd (Abl.)
g) deinen Herren (Dat.)
h) mit deinem Großvater (Abl.)
i) vor meinem Landhaus (Akk.)
j) meinen Tisch (Akk.)
k) mit seinem Knaben (Abl.)
l) unseren Feinden (Dat.)
m) eurer Herrin (Dat.)
n) in meinen Gärten (Abl.)
o) euer Unglück (Akk.)
p) ihrer Sklaven (Gen.)
q) eure Töchter (Nom.)

Bei den folgenden Pronomina ist die Deklination etwas komplizierter, da bunt gemischt Endungen der a- und o-Deklination, der 3. Deklination und eigene, nur bei Pronomina auftauchende Endungen, die hier **Pronominalendungen** genannt werden, vorkommen.

5.2 Interrogativpronomen

Die Interrogativpronomina (vgl. *interrogare* – fragen) **quis?** (wer?) und **quid?** (was?) leiten direkte und indirekte Fragen ein.

Interrogativpronomen			
	m./f.	n.	
Nom.	**quis**	**quid**	wer? was?
Gen.	**cuius**	**cuius**	wessen?
Dat.	**cui**	**cui**	wem?
Akk.	**quem**	**quid**	wen? was?
Abl.	**quo**	**quo**	womit? wodurch? wovon?

Übung 21 Übersetze!
a) Wer steht vor der Tür?
b) Was siehst du?
c) Wessen Pferd ist dort?
d) Wem näherst du dich?
e) Wen begrüßt du?
f) Von wem kommst du?

Modell eines römischen Reisewagens mit kleinen Bronzeplastiken. Köln, Römisch-Germanisches Museum

5.3 Relativpronomen

Das Relativpronomen **qui, quae, quod** (welcher, welche, welches; der, die, das) leitet Relativsätze ein.

Relativpronomen

	Singular	Plural
Nom.	qui, quae, quod	qui, quae, quae
Gen.	cuius, cuius, cuius	quorum, quarum, quorum
Dat.	cui, cui, cui	quibus, quibus, quibus
Akk.	quem, quam, quod	quos, quas, quae
Abl.	quo, qua, quo	quibus, quibus, quibus

Übung 22 Übersetze!

a) Auf Befehl des Konsuls, welcher die Truppen nach Korinth (Corinthus, -i, f.) schickte, wurde die Stadt erobert.
b) Die Reise, die einige Tage dauerte, war schön.
c) Der Bauer, dessen Feld nicht gepflügt ist, ist ein Greis.
d) Die Mädchen, denen wir halfen, waren schlau.
e) Die Freunde, mit denen wir immer spielen (= ludere), wohnen zu Hause.

5.4 Demonstrativpronomen

Das Demonstrativpronomen (vgl. *demonstrare* – zeigen, hinweisen) **hic, haec, hoc** (dieser, diese, dieses) verweist auf etwas Naheliegendes.

Demonstrativpronomen

	Singular	Plural
Nom.	hic, haec, hoc	hi, hae, haec
Gen.	huius, huius, huius	horum, harum, horum
Dat.	huic, huic, huic	his, his, his
Akk.	hunc, hanc, hoc	hos, has, haec
Abl.	hoc, hac, hoc	his, his, his

Übung 23 Ergänze bei folgenden Substantiven in verschiedenen Kasus das jeweilige Demonstrativpronomen *(hic, haec, hoc)*.

a) _hi_ viri (Nominativ Plural)   b) _____ navi
c) _____ templa   d) _____ templi
e) _____ feminae (Dativ Singular) f) _____ viros
g) _____ animal   h) _____ uxorum
i) _____ avium   j) _____ templorum
k) _____ feminis   l) _____ feminae (Genitiv Singular)
m) _____ virum   n) _____ templum
o) _____ usus (Nominativ Singular) p) _____ mater
q) _____ sermonibus   r) _____ dux
s) _____ feminas   t) _____ viri (Genitiv Singular)
u) _____ legem   v) _____ mari (Abl. Singular)

Das Demonstrativpronomen **iste, ista, istud** (dieser, diese, dieses) verweist auf eine Person oder eine Sache, die abfällig beurteilt wird: z. B. *iste vir* – „der Mensch da".

iste, ista, istud		
	Singular	Plural
Nom.	iste, ista, istud	isti, istae, ista
Gen.	istius, istius, istius	istorum, istarum, istorum
Dat.	isti, isti, isti	istis, istis, istis
Akk.	istum, istam, istud	istos, istas, ista
Abl.	isto, ista, isto	istis, istis, istis

Das Demonstrativpronomen **ille, illa, illud** (jener, jene, jenes) verweist auf etwas ferner Liegendes.

ille, illa, illud		
	Singular	Plural
Nom.	ille, illa, illud	illi, illae, illa
Gen.	illius, illius, illius	illorum, illarum, illorum
Dat.	illi, illi, illi	illis, illis, illis
Akk.	illum, illam, illud	illos, illas, illa
Abl.	illo, illa, illo	illis, illis, illis

5.5 Personalpronomen

Die Personalpronomina **ego, tu, is, ea, id** (ich, du, er, sie, es) bezeichnen die einzelnen Personen im Singular. Die Personalpronomina **nos, vos, ii, eae, ea** (wir, ihr, sie) bezeichnen die einzelnen Personen im Plural.

Personalpronomen					
Singular					
Nom.	ego	tu	is	ea	id
Gen.	mei	tui	eius	eius	eius
Dat.	mihi	tibi	ei	ei	ei
Akk.	me	te	eum	eam	id
Abl.	me	te	eo	ea	eo
Plural					
Nom.	nos	vos	ii (ei)	eae	ea
Gen.	nostri[1]	vestri[1]	eorum	earum	eorum
Dat.	nobis	vobis	iis (eis)	iis (eis)	iis (eis)
Akk.	nos	vos	eos	eas	ea
Abl.	nobis	vobis	iis (eis)	iis (eis)	iis (eis)

1 Es kommt auch die Form *nostrum* bzw. *vestrum* vor, z. B. in der Wendung *quis nostrum?* – „wer von uns?"

Neben der maskulinen Pluralform im Nominativ *ii* kommt auch die Form *ei* vor. Da diese Form auch im Dativ Singular für alle drei Geschlechter zu finden ist, musst du bei der Übersetzung genau auf den Zusammenhang achten. Neben der Form *iis* gibt es für den Dativ und Ablativ Plural auch die Form *eis*.

Übung 24 Übersetze, wobei du sorgfältig das Possessiv- und das Personalpronomen unterscheidest!

a) Ich betrete mein Haus.
b) Du betrittst mein Haus.
c) Sie sehen mich.
d) Ich sehe euch.
e) Kennt ihr nicht unseren Garten?
f) Du schenkst mir nichts.
g) Eure Worte sind mir bekannt.
h) Meine Worte sind euch bekannt.
i) Ein böser Mensch liebt nur seinen Reichtum.
j) Ihr bringt uns das Geld.

k) Ich bringe euch das Geld.
l) Gehst du mit mir spazieren?
m) Wir geben all das Unsere den Armen.

Römischer Gutshof (villa rustica) in Mehring. Erbaut 3./4. Jh., rekonstruiert 1986.

5.6 Reflexivpronomen

Das Reflexivpronomen ist das rückbezügliche Fürwort für die 3. Person (z. B. *se videt* – er sieht sich; vgl. *eum videt:* er sieht ihn). Es hat im Singular und Plural dieselben Formen (z. B. *de se narrat* – er erzählt von sich, *de se narrant* – sie erzählen von sich). In der Verbindung mit *cum* wird das *se* im Ablativ hinter die Präposition gesetzt und mit dieser zusammengeschrieben: *secum*.

Reflexivpronomen	
Nom.	–
Gen.	sui
Dat.	sibi
Akk.	se
Abl.	se

Übung 25 Übersetze und achte dabei auf die jeweils vorliegende Art des Pronomens.
a) Die Freunde erzählen von sich.
b) Er geht in seinem Garten spazieren.
c) Der Großvater wünscht sich ein Buch.
d) Die Kinder wünschen sich Geschenke.

5.7 Identitätspronomen

Das Identitätspronomen (vgl. *idem* – derselbe) **ipse, ipsa, ipsum** (er selbst, sie selbst, es selbst) betont eine Person oder eine Sache.

ipse, ipsa, ipsum

	Singular	Plural
Nom.	ipse, ipsa, ipsum	ipsi, ipsae, ipsa
Gen.	ipsius, ipsius, ipsius	ipsorum, ipsarum, ipsorum
Dat.	ipsi, ipsi, ipsi	ipsis, ipsis, ipsis
Akk.	ipsum, ipsam, ipsum	ipsos, ipsas, ipsa
Abl.	ipso, ipsa, ipso	ipsis, ipsis, ipsis

Die Zusammensetzung des Pronomens *is, ea, id* mit dem Suffix *-dem* ergibt ein weiteres Identitätspronomen: **idem, eadem, idem** (derselbe, dieselbe, dasselbe).

Da sich diese Formen bei der Zusammensetzung öfter leicht verändern, wie man am Nominativ schon sieht, empfiehlt es sich hier, sich das ganze Deklinationsschema anzusehen:

idem, eadem, idem

	Singular	Plural
Nom.	idem, eadem, idem	iidem, eaedem, eadem
Gen.	eiusdem, eiusdem, eiusdem	eorundem, earundem, eorundem
Dat.	eidem, eidem, eidem	iisdem, iisdem, iisdem
Akk.	eundem, eandem, idem	eosdem, easdem, eadem
Abl.	eodem, eadem, eodem	iisdem, iisdem, iisdem

Im Dativ und Ablativ Plural kommen neben dem *iisdem* auch die Formen *eisdem* und *isdem* vor. Diese sind ebenfalls für Maskulinum, Femininum und Neutrum gleich. Der Nominativ Plural des Maskulinums kennt auch die Nebenformen *eidem* und *idem*.

Du solltest dir den **Bedeutungsunterschied** der beiden Identitätspronomina genau merken!

vir ipse – *der Mann <u>selbst</u>*
femina ipsa – *die Frau <u>selbst</u>*
animal ipsum – *das Tier <u>selbst</u>*

vir idem – *<u>derselbe</u> Mann*
femina eadem – *<u>dieselbe</u> Frau*
animal idem – *das<u>selbe</u> Tier*

Formenlehre: Die Pronomina | 35

Übung 26 Dekliniere:
a) vir ipse (nur im Singular)
b) dominae eaedem (nur im Plural)

Übung 27 Übersetze:
a) Paul selbst hat uns sein Haus gezeigt.
b) Er wohnt bis jetzt noch im selben Haus.
c) Dieselben Männer sind (schon) wieder da.
d) Alexander hat den König Darius selbst in die Flucht geschlagen.
e) Er hat denselben Freund zweimal (bis) verraten.

Der Perserkönig Darius III. flieht im Streitwagen vor dem Makedonenherrscher Alexander dem Großen.
Ausschnitt aus dem „Alexandermosaik" in der Casa del Fauno, Pompeji, 2. Jh. v. Chr.
Neapel, Museo Archeologico Nazionale

5.8 Zusammengesetzte Pronomina

Pronomina mit einer neuen Bedeutung entstehen durch die Verbindung eines einfachen Pronomens mit einer bestimmten Vorsilbe (Präfix) oder Nachsilbe (Suffix).

Den meisten zusammengesetzten Pronomina liegt
- bei substantivischer Verwendung das Fragepronomen *quis?, quid?* oder
- bei adjektivischer Verwendung das Relativpronomen *qui, quae, quod*

zugrunde. In substantivischer Verwendung steht das Pronomen allein, in adjektivischer Verwendung zusammen mit einem Substantiv.

Es ist sehr wichtig, sich die verschiedenen Bedeutungen dieser oft recht ähnlich aussehenden Pronomina genau einzuprägen. Es handelt sich außer bei *quisquis* und *quicumque* (sogenannte verallgemeinernde Relativpronomina) durchweg um Indefinitpronomina, also um unbestimmte Fürwörter (*indefinitus* – unbestimmt).

Indefinitpronomina			
quis? quid?		**qui, quae, quod**	
ali-quis	*irgendwer*	ali-qui	*irgendein*
ali-quid	*irgendwas*	ali-qua[1]	*irgendeine*
		ali-quod	*irgendein*
quis-quam	*irgendwer*	qui-dam	*ein gewisser*
quic[2]-quam	*irgendwas*	quae-dam	*eine gewisse*
		quod-dam[3]	*ein gewisses*
(unus-)quis-que	*(ein) jeder*	qui-vis	*jeder*
(unum-)quid-que[4]	*(ein) jedes*	quae-vis	*jede*
		quod-vis[5]	*jedes*
		qui-libet	*jeder*
		quae-libet	*jede*
		quod-libet[5]	*jedes*
		qui-cumque	*welcher auch immer*
quis-quis	*wer auch immer*	quae-cumque	*welche auch immer*
quid-quid	*was auch immer*	quod-cumque	*welches auch immer*

1 In der Zusammensetzung mit ali- erscheint im Nominativ -qua statt -quae.
2 Das *-d-* von *quid-quam* hat sich an den folgenden k-Laut angeglichen (assimiliert): *quic-quam*.
3 Bei substantivischem Gebrauch heißt die Form *quiddam* statt *quoddam*.
4 In adjektivischer Verwendung kommt auch die dreiendige Form *quisque, quaeque, quodque* vor.
5 Für den substantivischen Kontext lautet die Form *quidvis* bzw. *quidlibet*.

Formenlehre: Die Pronomina 37

Übung 28　Gib bei folgenden Pronominalformen den Kasus und den Numerus (S. für Singular, Pl. für Plural) an. Ein Stern (*) bezeichnet die Formen, wo es zwei oder drei richtige Lösungen gibt.

a) cuiusdam
b) quibus*
c) aliquo
d) iisdem*
e) quam
f) quoquo
g) quemlibet
h) quaeque
i) unicuique
j) eodem
k) quos
l) quibusquam*
m) quandam
n) aliquorum

Übung 29　Nenne die deutsche Bedeutung folgender Pronomina. Es ist immer der Nominativ Singular des Maskulinums angegeben.

a) idem
b) unusquisque
c) aliquis
d) quidam
e) quilibet
f) quisquam
g) quisquis
h) quivis
i) aliqui
j) quicumque
k) ipse

6 Das Verbum

Da die Endung eines Verbums mehrere wichtige Signale enthält, müssen die verschiedenen Konjugationen mit sorgfältigem Blick auf die Endungen wiederholt werden. Die Bildung der sogenannten Nominalformen des Verbums, des Gerundivs, des Partizips und des Infinitivs werden bei ihrer Behandlung in der Satzlehre wiederholt (Gerundiv: S. 84; Partizip: S. 88; Infinitiv: S. 94 ff.).

Die **Endung** eines lateinischen Verbums enthält fünf wichtige Hinweise:
1. Sie gibt die **handelnde Person** an: 1., 2. oder 3. Person.
2. Sie nennt die Zahl der handelnden Personen, den **Numerus:** Singular oder Plural.
3. Sie nennt die Zeit der Handlung, das **Tempus:** Präsens/Gegenwart, Futur I/Zukunft, Imperfekt/1. Vergangenheit, Perfekt/2. Vergangenheit, Plusquamperfekt/3. Vergangenheit, Futur II/vollendete Zukunft.
4. Sie gibt die Aussageweise an, den **Modus:** Indikativ oder Konjunktiv.
5. Sie gibt die Art des Geschehens oder das sogenannte Geschlecht der Verbform an, das **Genus Verbi:** Aktiv oder Passiv.

Präsens, Imperfekt und Futur I werden vom Präsensstamm gebildet; Perfekt, Plusquamperfekt und Futur II (vollendetes Futur, Futur exakt) werden im Aktiv vom Perfektstamm gebildet, im Passiv sind die entsprechenden Formen aus dem Partizip Perfekt Passiv und einer Form von *esse* (sein) zusammengesetzt. Das Futur II gehört ebenfalls in diese letzte Gruppe, da es vom Futur I aus gesehen eine Vergangenheit ist: Ich werde kommen (Futur I), wenn ich deinen Pfiff gehört haben werde (Futur II).

Präsensstamm → Präsens, Imperfekt und Futur I
Perfektstamm → Perfekt, Plusquamperfekt und Futur II im Aktiv
Partizip Perfekt Passiv → Perfekt, Plusquamperfekt und Futur II im Passiv

Die folgenden Beispiele zeigen, was die einzelnen Bestandteile der Endungen signalisieren:

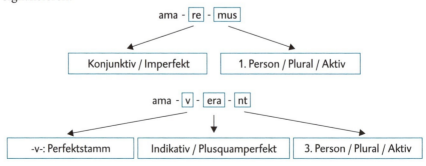

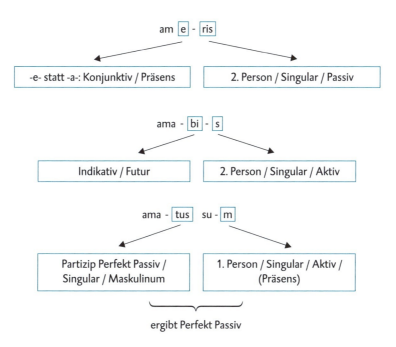

6.1 Die a-Konjugation

Die 1. Konjugation heißt auch die **a-Konjugation**, weil die Verben der 1. Konjugation auf **-a-** auslauten. In der folgenden Tabelle ist nur die Übersetzung für jeweils die 1. Person Singular angegeben; daraus ergibt sich auch die Übersetzung der anderen Formen.

Formenlehre: Das Verbum

Die a-Konjugation

	Aktiv		Passiv	
Präsens Indikativ	laudo lauda-s lauda-t lauda-mus lauda-tis lauda-nt	ich lobe	laudor lauda-ris lauda-tur lauda-mur lauda-mini lauda-ntur	ich werde gelobt
Präsens Konjunktiv	laude-m laude-s laude-t laude-mus laude-tis laude-nt	ich möge loben	laude-r laude-ris laude-tur laude-mur laude-mini laude-ntur	ich möge gelobt werden
Imperativ	lauda lauda-te	lobe! lobt!		
Imperfekt Indikativ	lauda-ba-m lauda-ba-s lauda-ba-t lauda-ba-mus lauda-ba-tis lauda-ba-nt	ich lobte	lauda-ba-r lauda-ba-ris lauda-ba-tur lauda-ba-mur lauda-ba-mini lauda-ba-ntur	ich wurde gelobt
Imperfekt Konjunktiv	lauda-re-m lauda-re-s lauda-re-t lauda-re-mus lauda-re-tis lauda-re-nt	ich würde loben	lauda-re-r lauda-re-ris lauda-re-tur lauda-re-mur lauda-re-mini lauda-re-ntur	ich würde gelobt werden
Futur I	lauda-b-o lauda-bi-s lauda-bi-t lauda-bi-mus lauda-bi-tis lauda-bu-nt	ich werde loben	lauda-b-or lauda-be-ris lauda-bi-tur lauda-bi-mur lauda-bi-mini lauda-bu-ntur	ich werde gelobt werden

Perfekt Indikativ	laudav-**i** laudav-**isti** laudav-**it**	ich habe gelobt	laudat-**us**, -**a**, -**um**	sum es est	ich bin gelobt worden
	laudav-**imus** laudav-**istis** laudav-**erunt**		laudat-**i**, -**ae**, -**a**	sumus estis sunt	
Perfekt Konjunktiv	cum laudav-**eri**-m[1] laudav-**eri**-s laudav-**eri**-t	als ich gelobt habe	cum laudat-**us**, -**a**, -**um**	sim[1] sis sit	als ich gelobt worden bin
	laudav-**eri**-mus laudav-**eri**-tis laudav-**eri**-nt		laudat-**i**, -**ae**, -**a**	simus sitis sint	
Plusquam-perfekt Indikativ	laudav-**era**-m laudav-**era**-s laudav-**era**-t	ich hatte gelobt	laudat-**us**, -**a**, -**um**	eram eras erat	ich war gelobt worden
	laudav-**era**-mus laudav-**era**-tis laudav-**era**-nt		laudat-**i**, -**ae**, -**a**	eramus eratis erant	
Plusquam-perfekt Konjunktiv	laudav-**isse**-m laudav-**isse**-s laudav-**isse**-t	ich hätte gelobt	laudat-**us**, -**a**, -**um**	essem esses esset	ich wäre gelobt worden
	laudav-**isse**-mus laudav-**isse**-tis laudav-**isse**-nt		laudat-**i**, -**ae**, -**a**	essemus essetis essent	
Futur II	laudav-**er**-o laudav-**eri**-s laudav-**eri**-t	ich werde gelobt haben	laudat-**us**, -**a**, -**um**	ero eris erit	ich werde gelobt worden sein
	laudav-**eri**-mus laudav-**eri**-tis laudav-**eri**-nt		laudat-**i**, -**ae**, -**a**	erimus eritis erunt	

[1] Nach *cum* – „als" steht im Lateinischen der Konjunktiv. Der bloße Konjunktiv Perfekt ist im Deutschen nicht direkt nachvollziehbar.

6.2 Die e-Konjugation

Die 2. Konjugation heißt auch die **e-Konjugation**, weil die Verben dieser Konjugation auf **-e-** auslauten:

Die e-Konjugation

	Aktiv		Passiv	
Präsens Indikativ	mone-o mone-s mone-t mone-mus mone-tis mone-nt	ich mahne	mone-or mone-ris mone-tur mone-mur mone-mini mone-ntur	ich werde gemahnt
Präsens Konjunktiv	mone-**a**-m mone-**a**-s mone-**a**-t mone-**a**-mus mone-**a**-tis mone-**a**-nt	ich möge mahnen	mone-**a**-r mone-**a**-ris mone-**a**-tur mone-**a**-mur mone-**a**-mini mone-**a**-ntur	ich möge gemahnt werden
Imperativ	mone mone-te	mahne! mahnt!		
Imperfekt Indikativ	mone-**ba**-m mone-**ba**-s mone-**ba**-t mone-**ba**-mus mone-**ba**-tis mone-**ba**-nt	ich mahnte	mone-**ba**-r mone-**ba**-ris mone-**ba**-tur mone-**ba**-mur mone-**ba**-mini mone-**ba**-ntur	ich wurde gemahnt
Imperfekt Konjunktiv	mone-**re**-m mone-**re**-s mone-**re**-t mone-**re**-mus mone-**re**-tis mone-**re**-nt	ich würde mahnen	mone-**re**-r mone-**re**-ris mone-**re**-tur mone-**re**-mur mone-**re**-mini mone-**re**-ntur	ich würde gemahnt werden
Futur I	mone-**b**-o mone-**bi**-s mone-**bi**-t mone-**bi**-mus mone-**bi**-tis mone-**bu**-nt	ich werde mahnen	mone-**b**-or mone-**be**-ris mone-**bi**-tur mone-**bi**-mur mone-**bi**-mini mone-**bu**-ntur	ich werde gemahnt werden

Perfekt Indikativ	monu-**i** monu-**isti** monu-**it**	ich habe gemahnt	monit-**us**, -**a**, -**um**	sum es est	ich bin gemahnt worden
	monu-**imus** monu-**istis** monu-**erunt**		monit-**i**, -**ae**, -**a**	sumus estis sunt	
Perfekt Konjunktiv	cum monu-**eri**-m monu-**eri**-s monu-**eri**-t	als ich gemahnt habe	cum monit-**us**, -**a**, -**um**	sim sis sit	als ich gemahnt worden bin
	monu-**eri**-mus monu-**eri**-tis monu-**eri**-nt		monit-**i**, -**ae**, -**a**	simus sitis sint	
Plusquam-perfekt Indikativ	monu-**era**-m monu-**era**-s monu-**era**-t	ich hatte gemahnt	monit-**us**, -**a**, -**um**	eram eras erat	ich war gemahnt worden
	monu-**era**-mus monu-**era**-tis monu-**era**-nt		monit-**i**, -**ae**, -**a**	eramus eratis erant	
Plusquam-perfekt Konjunktiv	monu-**isse**-m monu-**isse**-s monu-**isse**-t	ich hätte gemahnt	monit-**us**, -**a**, -**um**	essem esses esset	ich wäre gemahnt worden
	monu-**isse**-mus monu-**isse**-tis monu-**isse**-nt		monit-**i**, -**ae**, -**a**	essemus essetis essent	
Futur II	monu-**er**-o monu-**eri**-s monu-**eri**-t	ich werde gemahnt haben	monit-**us**, -**a**, -**um**	ero eris erit	ich werde gemahnt worden sein
	monu-**eri**-mus monu-**eri**-tis monu-**eri**-nt		monit-**i**, -**ae**, -**a**	erimus eritis erunt	

Im Vergleich mit der a-Konjugation kann man bei der e-Konjugation feststellen, dass statt dem Konjunktiv-Präsens-Signal **-e-** (*laudes* aus *lauda-e-s* entstanden) das Signal **-a-** steht *(mone-a-s)*. Der Perfektstamm lautet auf **-u-** aus: *mon-u-i*.

Übung 30 Setze folgende Verbformen lateinisch und deutsch in die Vergangenheit, wobei du aus Präsens Perfekt, aus Imperfekt Plusquamperfekt und aus Futur I Futur II machst.

a) laudamus (wir loben)
b) laudabantur (sie wurden gelobt)
c) laudabo (ich werde loben)
d) moneas (du mögest mahnen)
e) moneretur (er würde gemahnt werden)
f) laudemini (ihr möget gelobt werden)
g) monebatis (ihr mahntet)
h) moneor (ich werde gemahnt)
i) moneat (er möge mahnen)
j) laudaret (er würde loben)
k) laudaberis (du wirst gelobt werden)
l) monebis (du wirst mahnen)
m) monetis (ihr mahnt)
n) laudabant (sie lobten)

6.3 Die konsonantische Konjugation

Die 3. Konjugation heißt auch die **konsonantische Konjugation**, weil die meisten Verben der 3. Konjugation auf einen **Konsonanten** auslauten. Am besten erkennt man, dass das Verbum nicht auf einen Vokal, sondern einen Konsonanten auslautet, am Partizip Perfekt Passiv: *rec-tus* (im Gegensatz zu *ama-tus, moni-tus, audi-tus*). Das -e-, etwa in *reg-e-re,* gehört hier nicht zum Stamm, sondern verbindet nur den Stamm mit der Endung, es ist hier ein Bindevokal.

Die konsonantische Konjugation				
	Aktiv		Passiv	
Präsens Indikativ	reg-o	*ich leite*	reg-or	*ich werde geleitet*
	reg-**i**-s		reg-**e**-ris	
	reg-**i**-t		reg-**i**-tur	
	reg-**i**-mus		reg-**i**-mur	
	reg-**i**-tis		reg-**i**-mini	
	reg-**u**-nt		reg-**u**-ntur	

Präsens Konjunktiv	reg-**a**-m reg-**a**-s reg-**a**-t reg-**a**-mus reg-**a**-tis reg-**a**-nt	*ich möge leiten*	reg-**a**-r reg-**a**-ris reg-**a**-tur reg-**a**-mur reg-**a**-mini reg-**a**-ntur	*ich möge geleitet werden*
Imperativ	reg-e reg-i-te	*leite!* *leitet!*		
Imperfekt Indikativ	reg-**e-ba**-m reg-**e-ba**-s reg-**e-ba**-t reg-**e-ba**-mus reg-**e-ba**-tis reg-**e-ba**-nt	*ich leitete*	reg-**e-ba**-r reg-**e-ba**-ris reg-**e-ba**-tur reg-**e-ba**-mur reg-**e-ba**-mini reg-**e-ba**-ntur	*ich wurde geleitet*
Imperfekt Konjunktiv	reg-**e-re**-m reg-**e-re**-s reg-**e-re**-t reg-**e-re**-mus reg-**e-re**-tis reg-**e-re**-nt	*ich würde leiten*	reg-**e-re**-r reg-**e-re**-ris reg-**e-re**-tur reg-**e-re**-mur reg-**e-re**-mini reg-**e-re**-ntur	*ich würde geleitet werden*
Futur I	reg-**a**-m reg-**e**-s reg-**e**-t reg-**e**-mus reg-**e**-tis reg-**e**-nt	*ich werde leiten*	reg-**a**-r reg-**e**-ris reg-**e**-tur reg-**e**-mur reg-**e**-mini reg-**e**-ntur	*ich werde geleitet werden*
Perfekt Indikativ	rex-**i** rex-**isti** rex-**it** rex-**imus** rex-**istis** rex-**erunt**	*ich habe geleitet*	rect-**us**, -a, -um { sum / es / est rect-**i**, -ae, -a { sumus / estis / sunt	*ich bin geleitet worden*
Perfekt Konjunktiv	cum rex-**eri**-m rex-**eri**-s rex-**eri**-t rex-**eri**-mus rex-**eri**-tis rex-**eri**-nt	*als ich geleitet habe*	cum rect-**us**, -a, -um { sim / sis / sit rect-**i**, -ae, -a { simus / sitis / sint	*als ich geleitet worden bin*

Plusquam-perfekt Indikativ	rex-**era**-m rex-**era**-s rex-**era**-t	ich hatte geleitet	rect-**us**, -a, -um	eram eras erat	ich war geleitet worden
	rex-**era**-mus rex-**era**-tis rex-**era**-nt		rect-i, -ae, -a	eramus eratis erant	
Plusquam-perfekt Konjunktiv	rex-**isse**-m rex-**isse**-s rex-**isse**-t	ich hätte geleitet	rect-**us**, -a, -um	essem esses esset	ich wäre geleitet worden
	rex-**isse**-mus rex-**isse**-tis rex-**isse**-nt		rect-i, -ae, -a	essemus essetis essent	
Futur II	rex-**er**-o rex-**eri**-s rex-**eri**-t	ich werde geleitet haben	rect-**us**, -a, -um	ero eris erit	ich werde geleitet worden sein
	rex-**eri**-mus rex-**eri**-tis rex-**eri**-nt		rect-i, -ae, -a	erimus eritis erunt	

Die 3. Konjugation hat als Futursignal anstatt **-bi-** *(lauda-bi-mus, mone-bi-mus)*:

    1. Person Singular **-a-**:   reg-**a**-m
    für die anderen Personen **-e-**:   reg-**e**-mus

Die Form *reg-e-ris* kann zwei Bedeutungen haben:
- 2. Person Singular Präsens Indikativ Passiv: „Du wirst geleitet."
  (In diesem Fall handelt es sich um den kurzen Bindevokal -ĕ-.)
- 2. Person Singular Futur Passiv: „Du wirst geleitet werden."
  (In diesem Fall handelt es sich um ein langes -ē-, das Signal für Futur).

Übung 31 Setze folgende Indikativformen lateinisch und deutsch in den Konjunktiv.
    a) rego (ich leite)
    b) regebamur (wir wurden geleitet)
    c) rectus,-a,-um eram (ich war geleitet worden)
    d) reximus (wir haben geleitet)
    e) regebatis (ihr leitetet)
    f) rexeras (du hattest geleitet)
    g) regimini (ihr werdet geleitet)

6.4 Die kurzvokalischen i-Stämme der 3. Konjugation

Den i-Stämmen der 3. Konjugation gehören Verben an, die ursprünglich auf -i-auslauteten. Dieser **Stammausgang -i-** ist noch in vielen Endungen enthalten. Dabei handelt es sich um die folgenden Formen:

Die i-Stämme der konsonantischen Konjugation				
	Aktiv		**Passiv**	
Präsens Indikativ	capi-o capi-**u**-nt	ich ergreife	capi-or capi-**u**-ntur	ich werde ergriffen
Präsens Konjunktiv	capi-**a**-m capi-**a**-s capi-**a**-t capi-**a**-mus capi-**a**-tis capi-**a**-nt	ich möge ergreifen	capi-**a**-r capi-**a**-ris capi-**a**-tur capi-**a**-mur capi-**a**-mini capi-**a**-ntur	ich möge ergriffen werden
Imperfekt Indikativ	capi-**e-ba**-m capi-**e-ba**-s capi-**e-ba**-t capi-**e-ba**-mus capi-**e-ba**-tis capi-**e-ba**-nt	ich ergriff	capi-**e-ba**-r capi-**e-ba**-ris capi-**e-ba**-tur capi-**e-ba**-mur capi-**e-ba**-mini capi-**e-ba**-ntur	ich wurde ergriffen
Futur I	capi-**a**-m capi-**e**-s capi-**e**-t capi-**e**-mus capi-**e**-tis capi-**e**-nt	ich werde ergreifen	capi-**a**-r capi-**e**-ris capi-**e**-tur capi-**e**-mur capi-**e**-mini capi-**e**-ntur	ich werde ergriffen werden

Für alle Verben der 3. Konjugation gilt:

Es gibt für die Verben der 3. Konjugation keine einheitliche Bildung des aktiven Perfektstammes und des Partizip Perfekt Passiv. Damit gehören alle Verben der 3. Konjugation zu den unregelmäßigen Verben!

Übung 32 Bilde zu den Formen von *regere* die entsprechenden von *capere*.

a) regitis
b) regamini
c) regebant
d) regentur
e) regant
f) regent
g) regam
h) regimini
i) regimus

6.5 Die i-Konjugation

Die 4. Konjugation heißt auch die **i-Konjugation**, weil die Verben der 4. Konjugation auf **-i-** auslauten.

Die i-Konjugation

	Aktiv		Passiv	
Präsens Indikativ	audi-o audi-s audi-t audi-mus audi-tis audi-u-nt	*ich höre*	audi-or audi-ris audi-tur audi-mur audi-mini audi-u-ntur	*ich werde gehört*
Präsens Konjunktiv	audi-**a**-m audi-**a**-s audi-**a**-t audi-**a**-mus audi-**a**-tis audi-**a**-nt	*ich möge hören*	audi-**a**-r audi-**a**-ris audi-**a**-tur audi-**a**-mur audi-**a**-mini audi-**a**-ntur	*ich möge gehört werden*
Imperativ	audi audi-te	*höre!* *hört!*		
Imperfekt Indikativ	audi-**e**-**ba**-m audi-**e**-**ba**-s audi-**e**-**ba**-t audi-**e**-**ba**-mus audi-**e**-**ba**-tis audi-**e**-**ba**-nt	*ich hörte*	audi-**e**-**ba**-r audi-**e**-**ba**-ris audi-**e**-**ba**-tur audi-**e**-**ba**-mur audi-**e**-**ba**-mini audi-**e**-**ba**-ntur	*ich wurde gehört*
Imperfekt Konjunktiv	audi-**re**-m audi-**re**-s audi-**re**-t audi-**re**-mus audi-**re**-tis audi-**re**-nt	*ich würde hören*	audi-**re**-r audi-**re**-ris audi-**re**-tur audi-**re**-mur audi-**re**-mini audi-**re**-ntur	*ich würde gehört werden*

Futur I	audi-**a**-m audi-**e**-s audi-**e**-t audi-**e**-mus audi-**e**-tis audi-**e**-nt	ich werde hören	audi-**a**-r audi-**e**-ris audi-**e**-tur audi-**e**-mur audi-**e**-mini audi-**e**-ntur	ich werde gehört werden
Perfekt Indikativ	audiv-**i** audiv-**isti** audiv-**it** audiv-**imus** audiv-**istis** audiv-**erunt**	ich habe gehört	audit-**us**, -**a**, -**um** { sum, es, est audit-**i**, -**ae**, -**a** { sumus, estis, sunt	ich bin gehört worden
Perfekt Konjunktiv	cum audiv-**eri**-m audiv-**eri**-s audiv-**eri**-t audiv-**eri**-mus audiv-**eri**-tis audiv-**eri**-nt	als ich gehört habe	cum audit-**us**, -**a**, -**um** { sim, sis, sit audit-**i**, -**ae**, -**a** { simus, sitis, sint	als ich gehört worden bin
Plusquam-perfekt Indikativ	audiv-**era**-m audiv-**era**-s audiv-**era**-t audiv-**era**-mus audiv-**era**-tis audiv-**era**-nt	ich hatte gehört	audit-**us**, -**a**, -**um** { eram, eras, erat audit-**i**, -**ae**, -**a** { eramus, eratis, erant	ich war gehört worden
Plusquam-perfekt Konjunktiv	audiv-**isse**-m audiv-**isse**-s audiv-**isse**-t audiv-**isse**-mus audiv-**isse**-tis audiv-**isse**-nt	ich hätte gehört	audit-**us**, -**a**, -**um** { essem, esses, esset audt-**i**, -**ae**, -**a** { essemus, essetis, essent	ich wäre gehört worden
Futur II	audiv-**er**-o audiv-**eri**-s audiv-**eri**-t audiv-**eri**-mus audiv-**eri**-tis audiv-**eri**-nt	ich werde gehört haben	audit-**us**, -**a**, -**um** { ero, eris, erit audit-**i**, -**ae**, -**a** { erimus, eritis, erunt	ich werde gehört worden sein

Die i-Konjugation hat wie die 3. Konjugation als Futursignal ein -e-: *audi-e-mus*.

Die 1. Person Singular Futur hat als Ausnahme **-a-** statt **-e-**: *audi-a-m*. Damit sieht die 1. Person Singular Futur aus wie der Konjunktiv Präsens: Es gibt also zwei Bedeutungen für *audi-a-m*:
- ich werde hören
- ich möge hören

Übung 33 Bilde zu den Formen von *laudare* und *monere* lateinisch und deutsch die entsprechenden Formen von *audire*.

a) laudas (du lobst)
b) monebantur (sie wurden gemahnt)
c) laudavissem (ich hätte gelobt)
d) monitus, -a, -um sum (ich bin gemahnt worden)
e) laudetis (ihr möget loben)
f) laudaremini (ihr würdet gelobt werden)
g) monuistis (ihr habt gemahnt)
h) laudabis (du wirst loben)
i) laudavissem (ich hätte gelobt)
j) moneremus (wir würden mahnen)
k) monentur (sie werden gemahnt)
l) laudati, -ae, -a erant (sie waren gelobt worden)
m) moneberis (du wirst gemahnt werden)
n) monebaris (du wurdest gemahnt)

Übung 34 Übersetze alle Verbformen in folgenden Sätzen.

a) Der Philosoph Plato, in Athen lebend, hat viele andere Lehrer der Philosophie an (mit) Weisheit übertroffen (besiegt).
b) Die Wächter haben die Räuber, die sie verhaftet hatten (Partizip), gefesselt.
c) Nicht alles (Pl.), was die Lehrer den Schülern lehren, bezieht sich auf das Leben.

Der Philosoph Platon, wie ihn Raffael im Fresko „Die Schule von Athen" (1510/1511) dargestellt hat. Der nach oben deutende Zeigefinger verweist auf den Kern seiner Philosophie, die Ideenlehre.

d) Nach *(secundum)* den Gesetzen des Staates zu leben, war den Römern das höchste Gut.
e) Setzt euch neben den Lehrer und sitzt dann ruhig *(quietus, -a, -um)*.
f) Die Lehrer wünschen, dass ihr eure Pflichten nicht vernachlässigt, dass ihr auch die schwierigsten Sätze versteht.
g) Jemand hat gesagt, dass euch ein gewisser Mensch verlassen wolle.
h) Jenem Menschen, der mich beleidigt hatte, habe ich geantwortet: „Du selbst wirst einmal meine Verzeihung erbitten wollen."
i) Nicht alles, was ihr könnt (Konj.), dürft ihr tun, nicht alles, was ihr begehrt (Konj.), müsst ihr haben.
j) Als ich den ziemlich scharfen Hund gesehen hatte, bin ich, von Furcht erfüllt, ins Haus gelaufen. Mein Freund aber, der tapferer war als ich, blieb stehen (stellte sich hin).
k) Die Schüler werden die Schule vielleicht weiser verlassen, als sie sie betreten haben.
l) Als die Cimbern ihre Heimat verlassen hatten, um Italien anzugreifen, haben die Römer, von Schrecken entflammt, ein großes Heer ausgehoben (ausgewählt).
m) Oft machen große Gefahren ängstliche *(timidus, -a,-um)* Menschen wagemutig und tapfer.
n) Heute werden die Menschen oft, weil sie sehr viel verbrauchen, Konsumenten genannt.
o) Ein gewisser Mann hat jemandem, der sagte (Partizip): „Ich bin größer als du", geantwortet: „Nicht größer, sondern nur länger bist du!"
p) Oft werden wir auch von Menschen, die uns nur dem Namen nach (mit Namen) bekannt sind, unterstützt werden.
q) Von Liebe zu den Kindern werden viele Eltern veranlasst, sich größten Mühen zu unterziehen.
r) Wer den Sesterz *(sestertius, -i, m.)* verachtet, wird nie sehr reich sein.
s) Einige arme Menschen wollen nichts Schönes, nichts Gutes in dieser Welt sehen.
t) Kennt ihr diesen Satz: „Die Niedrigsten werden einmal die Höchsten sein"?

Oben ein Sesterz mit dem Bild des Nero (ca. 64 n. Chr.), unten ein Sesterz des Vespasian (71 n. Chr.) mit einer Darstellung des Isis-Tempels in Rom. Berlin, Münzkabinett

Übung 35   Bestimme folgende Verbformen, indem du
- die Person (z. B. 1. P.),
- den Numerus (S.: Singular; Pl.: Plural),
- den Modus (Ind.: Indikativ; Konj.: Konjunktiv),
- das Tempus (Präsens; Futur I und Futur II; Imperfekt; Perfekt; Plusquamperfekt) und
- das Genus Verbi (Aktiv; Passiv)

angibst. Das ist zwar eine Zeit raubende, aber sehr nützliche Übung. Bei den mit Stern (*) gekennzeichneten Formen gibt es zwei Möglichkeiten.

a) amavissent   b) caperes   c) cum monitus sis
d) recti erunt   e) audiar*   f) capiam*
g) monebunt   h) regeris*   i) regunt
j) monebis   k) regent   l) audivisti
m) regant   n) recti essent   o) audiuntur
p) moneberis   q) audiantur   r) capiebam
s) audientur   t) cum amaveritis u) amemus

6.6 Konjugationstabellen weiterer Verben

Bevor die unregelmäßigen Verben behandelt werden, zur Wiederholung die Konjugationstabellen einiger Verben, die sich in keine der vier Konjugationen einreihen lassen: Es sind sozusagen Einzelgänger.

6.6.1 esse

Die Stammformen lauten: **esse, sum, fui – sein**. An den Perfektstamm *fu-* treten die Endungen für das Perfekt, das Plusquamperfekt und das Futur II.

esse				
Präsens Indikativ	s-u-m	*ich bin*	Imperfekt Indikativ	er-a-m	*ich war*
	es			er-a-s
	es-t			er-a-t
	s-u-mus			er-a-mus
	es-tis			er-a-tis
	s-u-nt			er-a-nt

Präsens Konjunktiv	s-i-m s-i-s s-i-t s-i-mus s-i-tis s-i-nt	ich sei, möge sein	Imperfekt Konjunktiv	es-se-m es-se-s es-se-t es-se-mus es-se-tis es-se-nt	ich wäre, würde sein
Imperativ	es es-te	sei! seid!	Futur I	er-o er-i-s er-i-t er-i-mus er-i-tis er-u-nt	ich werde sein

Übung 36 Übersetze ins Lateinische.

1. Ich denke, also bin ich.
2. Wenn mein Vater Geld hätte (übersetze mit Dativ des Besitzers: Wenn meinem Vater Geld wäre …), würde er mir ein Pferd schenken.
3. Wenn du geschwiegen hättest, wärest du ein Philosoph gewesen.
4. Reden ist Silber, Schweigen ist Gold.
5. Du wirst auch ohne Geld glücklich sein.

6.6.2 posse

Ein Kompositum von *esse* ist *posse*, entstanden aus *pot-esse*. Die Stammformen lauten: **posse, possum, potui – können**.

posse					
Präsens Indikativ	pos-sum pot-es pot-est pos-sumus pot-estis pos-sunt	ich kann	Präsens Konjunktiv	pos-sim pos-sis pos-sit pos-simus pos-sitis pos-sint	ich möge können
Imperfekt Indikativ	pot-eram pot-eras pot-erat pot-eramus pot-eratis pot-erant	ich konnte	Imperfekt Konjunktiv	posse-m posse-s posse-t posse-mus posse-tis posse-nt	ich würde können

Futur I	pot-ero pot-eris pot-erit pot-erimus pot-eritis pot-erint	ich werde können

Übung 37 Setze folgende Formen von *posse* in den Plural.

a) potes b) potuisti c) poterat
d) potuerat e) possis f) potuero

6.6.3 ferre

Die Stammformen lauten: **ferre, fero, tuli, latum – tragen, bringen**

ferre				
	Aktiv		Passiv	
Präsens Indikativ	fer-o fer-s fer-t fer-i-mus fer-tis fer-u-nt	ich trage	fer-or fer-ris fer-tur fer-i-mur fer-i-mini fer-u-ntur	ich werde getragen
Präsens Konjunktiv	fer-a-m fer-a-s fer-a-t fer-a-mus fer-a-tis fer-a-nt	ich möge tragen	fer-a-r fer-a-ris fer-a-tur fer-a-mur fer-a-mini fer-a-ntur	ich möge getragen werden
Imperativ	fer fer-te	trag! tragt!		
Imperfekt Indikativ	fer-e-ba-m fer-e-ba-s fer-e-ba-t fer-e-ba-mus fer-e-ba-tis fer-e-ba-nt	ich trug	fer-e-ba-r fer-e-ba-ris fer-e-ba-tur fer-e-ba-mur fer-e-ba-mini fer-e-ba-ntur	ich wurde getragen

Imperfekt Konjunktiv	fer-**re**-m fer-**re**-s fer-**re**-t	ich würde tragen	fer-**re**-r fer-**re**-ris fer-**re**-tur	ich würde getragen werden
	fer-**re**-mus fer-**re**-tis fer-**re**-nt		fer-**re**-mur fer-**re**-mini fer-**re**-ntur	
Futur I	fer-**a**-m fer-**e**-s fer-**e**-t	ich werde tragen	fer-**a**-r fer-**e**-ris fer-**e**-tur	ich werde getragen werden
	fer-**e**-mus fer-**e**-tis fer-**e**-nt		fer-**e**-mur fer-**e**-mini fer-**e**-ntur	

Übung 38 Ersetze folgende Formen von *portare* (tragen) durch die entsprechenden Formen von *ferre* und übersetze diese auch.

a) portaris
b) porta!
c) portati essent
d) portatus es
e) portabatis
f) portabo
g) portavisti
h) portaretur
i) portas
j) portavissem

6.6.4 fieri

Das sonst aktiv konjugierte Verbum hat nur im Infinitiv die Passivendung **-ri**. Die Stammformen lauten: **fieri, fio, factus sum – werden**

fieri					
Präsens Indikativ	fi-o fi-s fi-t	ich werde	Imperfekt Indikativ	fi-e-**ba**-m fi-e-**ba**-s fi-e-**ba**-t	ich wurde
	fi-mus fi-tis fi-**u**-nt			fi-e-**ba**-mus fi-e-**ba**-tis fi-e-**ba**-nt	
Präsens Konjunktiv	fi-**a**-m fi-**a**-s fi-**a**-t	ich möge werden	Imperfekt Konjunktiv	fi-e-**re**-m fi-e-**re**-s fi-e-**re**-t	ich würde werden
	fi-**a**-mus fi-**a**-tis fi-**a**-nt			fi-e-**re**-mus fi-e-**re**-tis fi-e-**re**-nt	

Imperativ	fi fi-te	werde! werdet!	Futur I	fi-**a**-m fi-**e**-s fi-**e**-t fi-**e**-mus fi-**e**-tis fi-**e**-nt	ich werde werden

Übung 39 Übersetze!

1. Herostratus wurde ein berühmter Mann, nachdem er den Tempel der Diana in Ephesus angezündet hatte.
2. Ich würde gerne reich werden.
3. Nach dem heißen Sommer wird der Winter kalt werden.
4. Das Haus würde mein Eigentum (bleibt unübersetzt, verwende *mihi* als Dativus possessoris, als Dativ des Besitzers) werden, wenn der Nachbar es mir verkaufen würde.
5. Cicero wurde der größte Redner Roms.

6.6.5 velle, nolle, malle

Die Stammformen lauten:
velle, volo, volui – wollen
nolle, nolo, nolui – nicht wollen
malle, malo, malui – lieber wollen

velle, nolle, malle			
Präsens Indikativ	volo **vis** **vult** volumus **vultis** volunt	nolo **non vis** **non vult** nolumus **non vultis** nolunt	malo **mavis** **mavult** malumus **mavultis** malunt
Präsens Konjunktiv	velim velis velit velimus velitis velint	nolim nolis nolit nolimus nolitis nolint	malim malis malit malimus malitis malint

Imperativ		noli noli-te	
Imperfekt Indikativ	volebam volebas volebat volebamus volebatis volebant	nolebam nolebas nolebat nolebamus nolebatis nolebant	malebam malebas malebat malebamus malebatis malebant
Imperfekt Konjunktiv	vellem velles vellet vellemus velletis vellent	nollem nolles nollet nollemus nolletis nollent	mallem malles mallet mallemus malletis mallent
Futur I	volam voles volet volemus voletis volent	nolam noles nolet nolemus noletis nolent	malam males malet malemus maletis malent

Übung 40 Übersetze ins Deutsche. Verwandle dann die lateinischen Sätze in den Plural.
 a) Quod pati non vis, id etiam aliis facere non debes.
 b) Noli falsam famam de aliis dissipare, ne tibi ipsi maledicatur.
 c) Omnis homo mallet pauper et sanus esse quam aeger et dives.

6.6.6 ire

Die Stammformen lauten: **ire, eo, ii, itum – gehen**

ire					
Präsens Indikativ	e-o i-s i-t i-mus i-tis e-**u**-nt	*ich gehe*	Präsens Konjunktiv	e-**a**-m e-**a**-s e-**a**-t e-**a**-mus e-**a**-tis e-**a**-nt	*ich möge gehen*

Imperfekt Indikativ	i-**ba**-m i-**ba**-s i-**ba**-t i-**ba**-mus i-**ba**-tis i-**ba**-nt	*ich ging*	Imperfekt Konjunktiv	i-**re**-m i-**re**-s i-**re**-t i-**re**-mus i-**re**-tis i-**re**-nt	*ich würde gehen*
Imperativ	i i-te	*geh!* *geht!*	Futur I	i-**b**-o i-**bi**-s i-**bi**-t i-**bi**-mus i-**bi**-tis i-**bu**-nt	*ich werde gehen*

Übung 41 Ersetze die Formen von *cedere* (gehen) durch die entsprechenden Formen von *ire* und übersetze diese dann auch ins Deutsche. Für die mit Stern (*) gekennzeichnete Form gibt es zwei Möglichkeiten.

a) cedunt b) cedamus c) cedite
d) cederet e) cedebas f) cesserat
g) cedetis h) cessit i) cedo
j) cedam*

Übung 42 Gib bei folgenden Verbformen den zugehörigen Infinitiv Präsens an.

a) vis b) ferar c) es
d) possent e) fiunt f) ibamus
g) non vultis h) sumus i) erunt
j) ibo k) malles l) ferebam
m) fiam n) potest o) imus
p) nolebatis q) eunt r) fis
s) fert t) essent u) poterunt
v) ferreris w) fite x) velim
y) nolet z) erant

6.7 Unregelmäßige Verben aller Konjugationen

Bekanntlich sind die „unregelmäßigen Verben" insofern unregelmäßig, als sie sich im aktiven Perfektstamm und beim Partizip Perfekt Passiv von der regelmäßigen Formenbildung ihrer Konjugationen unterscheiden, z. B.

regelmäßig: audire audio audivi auditum – *hören*
aber: vincire vincio vinxi vinctum – *fesseln*

Zu den unregelmäßigen Verben zählen auch die Deponentia der verschiedenen Konjugationen. Die Deponentia haben passive Endungen, aber aktive Bedeutung:

     polliceri   polliceor   pollicitus sum   – *versprechen*

Die Semi-Deponentia, also „Halb-Deponentia", haben nur im Perfekt, Plusquamperfekt und Futur II passive Endungen. Auch sie haben aktive Bedeutung:

     audere   audeo   ausus sum   – *wagen*

In der Schulgrammatik ziehen sich die unregelmäßigen Verben über viele Seiten hin. Hier sollen nur die häufigsten davon wiederholt werden, die ein Schüler wirklich beherrschen sollte: Sie stellen bereits etwa 75 % der in allen lateinischen Texten begegnenden unregelmäßigen Verben dar.
Weiter behandeln wir hier, um eine schnellere Wiederholung zu ermöglichen, – von einigen wichtigen Ausnahmen abgesehen – nicht die zusammengesetzten unregelmäßigen Verben (Komposita: z. B. *con-cedere*), sondern meist nur die einfachen (Simplicia: z. B. *cedere*). Vom Simplex aus kann nämlich meist die Grundbedeutung des Kompositums leicht erschlossen werden. Zur Entschlüsselung von Komposita sind folgende Regeln sehr nützlich:

Meist kann man aus der Vorsilbe eines Kompositums seine Bedeutung ermitteln:
Eine vorgeschaltete **Präposition behält** oft ihre **Bedeutung** bei.
Beispiele: ducere   führen   ab-ducere   wegführen
              ponere   setzen   com-(= cum-)ponere   zusammensetzen, vergleichen

Die Vorsilben **dis-** und **se-** kennzeichnen eine **Trennung**.
Beispiele: cernere   sichten   dis-cernere   unterscheiden
              cedere   gehen   se-cedere   weggehen

Die Vorsilbe **re-** bedeutet „**zurück**".
Beispiel: vertere   wenden   re-vertere   zurück-, umwenden

Nachdem mit unserer Methode aus der Masse der unregelmäßigen Verben die fürs Übersetzen unbedingt notwendigen ausgewählt worden sind, bleiben gar nicht mehr so viele übrig. Ihre Wiederholung bedeutet keine allzu große Mühe.

Von den unregelmäßigen Verben werden in den folgenden Übersichten jeweils die Stammformen angegeben, welche wie beim nachstehenden Beispiel den Präsens-, den Perfekt- und den Stamm des Partizips bezeichnen. Bei einem fehlenden Partizip Perfekt Passiv steht das Partizip Futur Aktiv auf -urus, falls es gebräuchlich ist.

Infinitiv Präsens Aktiv	Deutsche Bedeutung	1. Pers. Sing. Ind. Präs.	1. Pers. Sing. Ind. Perf.	Part. Perf. Pass.
cedere	gehen	cedo ced-: Präsensstamm	cessi cess-: Perfektstamm	cessum ces-: Stamm des Partizips
Unregelmäßige Verben der a-Konjugation				
dare	geben	do	dedi	datum
stare	stehen	sto	steti	staturus
Unregelmäßige Verben der e-Konjugation				
docere	lehren	doceo	docui	doctum
miscere	mischen	misceo	miscui	mixtum
tenere	halten	teneo	tenui	–
iubere	befehlen	iubeo	iussi	iussum
suadere	raten	suadeo	suasi	suasum
persuadere	überreden, überzeugen	persuadeo	persuasi	persuasum
ardere	glühen	ardeo	arsi	arsurus
haerere	hängen	haereo	haesi	haesurus
manere	bleiben	maneo	mansi	mansurus
spondere	geloben	spondeo	spopondi	sponsum
respondere	antworten	respondeo	respondi	responsum
sedere	sitzen	sedeo	sedi	sessum
videre	sehen	video	vidi	visum
videri	scheinen	videor	visus sum	
movere	bewegen	moveo	movi	motum
polliceri	versprechen	polliceor	pollicitus sum	
reri	rechnen, meinen	reor	ratus sum	
tueri	schützen	tueor	(tutatus sum)	
audere	wagen	audeo	ausus sum	
gaudere	sich freuen	gaudeo	gavisus sum	

Infinitiv Präsens Aktiv	Deutsche Bedeutung	1. Pers. Sing. Ind. Präs.	1. Pers. Sing. Ind. Perf.	Part. Perf. Pass.
i-Konjugation				
aperire	öffnen	aperio	aperui	apertum
sentire	fühlen, meinen	sentio	sensi	sensum
venire	kommen	venio	veni	ventum
reperire	finden	reperio	repperi	repertum
comperire	erfahren	comperio	comperi	compertum
Konsonantenstämme der 3. Konjugation				
sinere	lassen	sino	sivi	situm
ponere	setzen, stellen, legen	pono	posui	positum
cernere	sehen	cerno	(crevi)	–
discernere	unterscheiden	discerno	discrevi	discretum
petere	erstreben, erbitten	peto	petivi	petitum
quaerere	suchen, fragen	quaero	quaesivi	quaesitum
alere	ernähren, fördern	alo	alui	altum
colere	bebauen, pflegen, ehren	colo	colui	cultum
serere	reihen	sero	serui	sertum
disserere	erörtern	dissero	disserui	(disputatum)
scribere	schreiben	scribo	scripsi	scriptum
regere	lenken	rego	rexi	rectum
dicere	sagen	dico	dixi	dictum
ducere	führen	duco	duxi	ductum
trahere	ziehen	traho	traxi	tractum
iungere	verbinden	iungo	iunxi	iunctum
fingere	bilden, formen, erdichten	fingo	finxi	fictum
figere	anheften	figo	fixi	fixum
flectere	beugen	flecto	flexi	flexum
dividere	teilen	divido	divisi	divisum
mittere	schicken	mitto	misi	missum
cedere	gehen, weichen	cedo	cessi	cessum
gerere	tragen, ausführen	gero	gessi	gestum
contemnere	verachten	contemno	contempsi	contemptum
cadere	fallen	cado	cecidi	casurus
caedere	fällen	caedo	cecidi	caesum
pendere	aufhängen, wiegen	pendo	pependi	pensum

Infinitiv Präsens Aktiv	Deutsche Bedeutung	1. Pers. Sing. Ind. Präs.	1. Pers. Sing. Ind. Perf.	Part. Perf. Pass.
fallere	täuschen	fallo	fefelli	(deceptum)
pellere	(ver)treiben	pello	pepuli	pulsum
tangere	berühren	tango	tetigi	tactum
tendere	spannen	tendo	tetendi	tentum
contendere	sich anstrengen, eilen, kämpfen, behaupten	contendo	contendi	contentum
tradere	übergeben, überliefern	trado	tradidi	traditum
credere	anvertrauen, glauben	credo	credidi	creditum
tollere	aufheben, beseitigen	tollo	sustuli	sublatum
agere	betreiben, tun, verhandeln	ago	egi	actum
legere	sammeln, lesen	lego	legi	lectum
intellegere	einsehen	intellego	intellexi	intellectum
sumere	nehmen	sumo	sumpsi	sumptum
relinquere	zurücklassen	relinquo	reliqui	relictum
fundere	ausgießen, zerstreuen	fundo	fudi	fusum
accendere	anzünden	accendo	accendi	accensum
ascendere	ersteigen	ascendo	ascendi	ascensum
descendere	herabsteigen	descendo	descendi	descensum
prehendere	ergreifen	prehendo	prehendi	prehensum
vertere	wenden	verto	verti	versum
statuere	aufstellen, festsetzen, beschließen	statuo	statui	statutum
metuere	fürchten	metuo	metui	–
solvere	lösen, zahlen	solvo	solvi	solutum
volvere	wälzen	volvo	volvi	volutum
struere	schichten, bauen	struo	struxi	structum
vivere	leben	vivo	vixi	victurus
discere	lernen	disco	didici	–
crescere	wachsen	cresco	crevi	–
consuescere	sich gewöhnen	consuesco	consuevi	–
noscere	kennenlernen	nosco	novi	notum
cognoscere	erkennen	cognosco	cognovi	cognitum
uti	gebrauchen	utor	usus sum	
fungi	verrichten, verwalten	fungor	functus sum	

Infinitiv Präsens Aktiv	Deutsche Bedeutung	1. Pers. Sing. Ind. Präs.	1. Pers. Sing. Ind. Perf.	Part. Perf. Pass.
queri	klagen	queror	questus sum	
sequi	folgen	sequor	secutus sum	
adipisci	erlangen, erreichen	adipiscor	adeptus sum	
nancisci	erlangen, erhalten	nanciscor	na(n)ctus sum	
nasci	geboren werden	nascor	natus sum	
oblivisci	vergessen	obliviscor	oblitus sum	
proficisci	aufbrechen, marschieren	proficiscor	profectus sum	
Unregelmäßige Verben der i-Stämme der 3. Konjugation				
cupere	begehren, wünschen	cupio	cupivi	cupitum
rapere	rauben, an sich reißen	rapio	rapui	raptum
parere	gebären, hervorbringen, erwerben	pario	peperi	partum
capere	fassen, ergreifen, besetzen	capio	cepi	captum
facere	machen, tun	facio	feci	factum
iacere	werfen	iacio	ieci	iactum
gradi	schreiten	gradior	gressus sum	
pati	leiden, erdulden	patior	passus sum	
oriri[1]	sich erheben, entstehen, abstammen	orior	ortus sum	

1 *oriri* hat den Infinitiv von der i-Konjugation übernommen: vgl. *audiri*.

Übung 43 Versuche, indem du die Vorsilben folgender Komposita genau betrachtest, auf ihre Bedeutung zu schließen:
Du wirst sehen, dass sich die Bedeutung eines Kompositums häufig, zumindest annähernd, erschließen lässt.

a) amovere
b) expellere
c) opponere
d) edere
e) secernere
f) perlegere
g) repetere
h) destituere
i) praescribere
j) arripere
k) interdicere
l) subicere
m) antecedere
n) satisfacere
o) convenire

Übung 44 Am Ende des Kapitels zur Formenlehre nun ein kleines Silbenrätsel: Bilde aus den angegebenen Silben die lateinische Form der gesuchten Verbformen. Die mit Zahlen gekennzeichneten Buchstaben ergeben in der richtigen Reihenfolge ein lateinisches Sprichwort.

A – A – AD – AMA – BAT – BU – CANT – CU – DA – ERA – E – E – ERI – ERO – ERO – ERUNT – EST – FU – I – I – IM – ISTI – ISTIS – IU – LAUD – LAUDA – MON – MUR – MUS – MUS – NS – PLE – POT – PROD – PRAE – PER – RE – RE – SSES – STIT – TI – TIS – TUS – TUM – UERUNT – V

a) lasst uns loben

| | |8| | |2| | | |

b) es ist nützlich

| | | | |5| | |

c) wir waren abwesend gewesen

| | | | | | |4| |

d) gebend

| | |10| |

e) ihr werdet singen können

|11| |3| | | | / |21| | | | | |

f) wir würden gemahnt werden

|1| | | | | |16| | |

g) sie werden gelobt worden sein

| |6| | | | | / | | |7| |

h) angefüllt

|9| | | | | |

i) ihr seid gelegen

| | | | |18| | |

j) du wärest gegangen

| | |17| |

k) ich (männlich) werde unterstützt worden sein

| | | | | | | | / | | 12 |

l) sie haben erwiesen

| 14 | | | | | | | | | | 20 | |

m) du hast geliebt

| 19 | | | | | | |

n) er ging zugrunde

| | | 13 | | | | |

o) ich werde sein

| | | 15 |

Lösungssatz

| 1 | 2 | 3 | 4 | 5 | 6 | 7 | 8 | 9 | 10 | 11 | 12 | 13 | 14 | 15 | 16 | 17 | 18 | 19 | 20 | 21 |

Satzlehre

7 Das lateinische Satzmodell

7.1 Das Grundmodell

Sowohl das Deutsche als auch das Lateinische gehören der indoeuropäischen Sprachfamilie an, es handelt sich also um verwandte Sprachen. Das hat den Vorteil, dass sich die Satzmodelle beider Sprachen gleichen.

Allen, selbst den kompliziertesten lateinischen Sätzen liegen drei einfache Modelle zugrunde:
Subjekt + Prädikat
Subjekt + Objekt + Prädikat
Subjekt + Objekt + Objekt + Prädikat

- **Subjekt + Prädikat**
  Puellae ambulant.
  Die Mädchen gehen spazieren.

  Dieses Satzmodell liegt vor, wenn als Prädikat ein sogenanntes einwertiges Verbum steht, das nur **eine** sogenannte Leerstelle öffnet: für das **Subjekt**.

- **Subjekt + Objekt + Prädikat**
  Magister discipulos laudat.
  Der Lehrer lobt die Schüler.

  Hostes castris appropinquabant.
  Die Feinde näherten sich dem Lager.

  Homines pace fruuntur.
  Die Menschen genießen den Frieden.

  Hier öffnen zweiwertige Verben **zwei** Leerstellen, eine für das **Subjekt**, eine für ein **Objekt**:
  discipulos: Akkusativobjekt
  castris: Dativobjekt
  pace: Ablativobjekt

Den Ablativ gibt es im Deutschen nicht. Man sollte sich die lateinischen Verben, die den **Ablativ** regieren, einprägen:

Übung 45 Schreibe das Satzmodell neben folgende Sätze und übersetze sie dann.

a) Canes clamant.
b) Cives diebus festis fruebantur.
c) Mendici omnibus rebus carent.
d) Convivas exspectaveramus.
e) Servi et servae dominis serviunt.
f) Heri duos consules vidi.
g) Dei necessitati non parent.
h) Imperator urbe potenti potitus est.
i) Boves herba vescuntur.
j) Adulescens amicam desiderat.
k) Convivae venerunt.

Eine Schwierigkeit beim Übersetzen ergibt sich daraus, dass manche zweiwertigen Verben im Lateinischen einen anderen Kasus regieren als im Deutschen.

Amici **nos** adiuvant. **(Akk.)**
Die Freunde helfen uns. (Dat.)

Patroni **clientibus** favent. **(Dat.)**
Die Patrone begünstigen ihre Klienten. (Akk.)

Tyranni **humanitatis** obliviscuntur. **(Gen.)**
Tyrannen vergessen die Menschlichkeit. (Akk.)

Die Verben, die einen anderen Kasus regieren als im Deutschen, solltest du dir einprägen:

adiuvare fugere deficere decet fallit, fugit	**mit Akkusativ**	helfen entfliehen fehlen es ziemt sich es entgeht
nubere parcere favere studere invidere persuadere mederi	**mit Dativ**	heiraten schonen, sparen begünstigen erstreben beneiden überreden, überzeugen heilen
oblivisci misereri reminisci meminisse recordari	**mit Genitiv**	vergessen bemitleiden sich erinnern an sich erinnern an sich erinnern an

Übung 46 In den folgenden Sätzen (mit deutscher Übersetzung) musst du die in Klammern stehenden Substantive als Objekte in den richtigen Kasus setzen.

a) Caesar (hostes) saepe pepercit. Cäsar hat seine Feinde oft geschont.
b) (Imperator) fefellerat hostes iam fugisse. Dem Feldherrn war entgangen, dass die Feinde schon geflohen waren.
c) Magistratus (officia) numquam obliviscentur.
Die Beamten werden ihre Pflichten niemals vergessen.
d) Homines (divites) semper invidebant.
Die Menschen haben die Reichen immer beneidet.
e) Adiuva (parentes)!
Hilf deinen Eltern!
f) Cibi (copiae) defecerunt.
Die Lebensmittel gingen den Truppen aus.

Aesculap, der Gott der Heilkunde, 4. Jh. v. Chr.
Neapel, Museo Archeologico Nazionale

g) Sacerdotes Aesculapi iam (multi homines) medebantur.
   Die Priester Aesculaps haben schon viele Menschen geheilt.
h) Divites (pauperes) semper misereri debent.
   Die Reichen sollen die Armen immer bemitleiden.
i) Sapiens non (divitiae), sed (sapientia) studebit.
   Der Weise wird nicht nach Reichtum, sondern nach Weisheit streben.
j) (Stulti) persuadere difficile est.
   Dumme (Menschen) zu überzeugen, ist schwierig.

- **Subjekt + Objekt + Objekt + Prädikat**
  Helvetii   finitimis bellum   intulerunt.
  Die Helvetier überzogen ihre Nachbarn mit Krieg[1].

  1 Wörtlich: „Die Helvetier brachten ihren Nachbarn Krieg."

  Das dreiwertige Verbum öffnet **drei** Leerstellen: eine für das **Subjekt**, zwei für **zwei Objekte**.
  Auch hier gibt es Verben mit einer zum Deutschen unterschiedlichen Konstruktion, die man sich merken sollte. Es handelt sich um sogenannte **unpersönliche Verben in der 3. Person Singular**. Hier steckt das Subjekt („es") im Prädikat:

Akkusativ +	paenitet – *es reut* pudet – *es beschämt*	+ Genitiv

  Ein Beispielsatz:

  Akk.-O. +   P/S +   Gen.-O.
  Reum   paenitet scelerum.
  Den Angeklagten reuen seine Verbrechen.
  Oder:
  Der Angeklagte bereut seine Verbrechen.

7.2 Attribute

Die nach den einfachen Satzmodellen gebildeten Sätze sind beliebig erweiterbar. So kann das Subjekt oder ein Objekt durch **Attribute (Beifügungen)** deutlicher beschrieben werden. Es ergibt sich dann das folgende Satzmodell:

S/Attr. +	O/Attr. +	O/Attr. +	P
Helvetii bellicosi	finitimis invisis	bellum acerrimum	intulerunt.

Die kriegerischen Helvetier überzogen ihre verhassten Nachbarn mit heftigstem Krieg.

Die häufigsten Attribute sind **Adjektive**, wie in unserem Beispiel.

Das adjektivische Attribut gleicht sich in **Kasus, Numerus** und **Genus** an sein Substantiv an **(KNG-Regel)**. An der Endung erkennt man also, zu welchem Satzteil ein Adjektiv gehört.

Die andere Beifügung ist das **Genitivattribut**:

S/Attr. +	O/Attr. +	O/Attr. +	P
Helvetii	finitimis suorum agrorum	bellum longi temporis	intulerunt.

Die Helvetier überzogen die Nachbarn ihres Gebietes mit einem Krieg von langer Dauer.

Da das Genitivattribut verschiedene Hinweise zu seinem Substantiv geben kann, lassen sich folgende **Genitivattribute** unterscheiden:

Genitivattribute		
Art	Inhalt	Beispiel
Genitivus **possessivus**	gibt den **Besitzer** einer Sache an	libri avi *die Bücher des Großvaters*
Genitivus **qualitatis**[1]	gibt die **Eigenschaft** einer Person oder Sache an	senex summae pietatis *ein Greis von großer Frömmigkeit, ein sehr frommer Greis*
Genitivus **subiectivus**	gibt den **Träger eines Gefühls** an	amor parentum *die Liebe der Eltern*
Genitivus **obiectivus**	gibt das **Objekt eines Gefühls** oder **einer Handlung** an	amor parentum *die Liebe zu den Eltern*
Genitivus **partitivus**	gibt bei Teilangaben **das Ganze** an	copia frumenti *eine Menge Getreide*

[1] Gleichbedeutend: Ablativus qualitatis, z. B. *vir gravi supercilio:* ein Mann mit finsterem Blick.

Übung 47 Unterstreiche in folgenden Sätzen die Genitive, bestimme die Art des Genitivs und übersetze dann die Sätze.

a) Romani semper mores maiorum sequebantur.
b) Metu mortis nonnulli homines etiam scelus faciunt.
c) Sempronia, mulier magnarum cupiditatum, coniurationem Catilinae adiuvabat.
d) Consensu omnium res publica servatur.
e) Magnus numerus hominum Caesarem non tyrannum existimabat.
f) Magistratus paulum temporis familiae suae reservare poterat.
g) Adulescens amorem amicae leviter despiciebat.
h) Memoria mortuorum vita eorum semper vivet.

Gaius Iulius Caesar (100–44 v. Chr.). Neapel, Museo Archeologico Nazionale

7.3 Adverb und Adverbiale

Das Prädikat kann durch ein Adverb (vgl. die Bildung des Adverbs, S. 24) oder einen adverbiellen Ausdruck, ein Adverbiale, erweitert werden. Dann ergibt sich folgendes Satzmodell:

S +   O +   O +   Adv. /   P.

Helvetii finitimis bellum accerrime intulerunt.
Die Helvetier überzogen ihre Nachbarn aufs Heftigste mit Krieg.

Etwas umfangreichere Angaben zum Prädikat finden sich häufig in Form von **Präpositionalausdrücken** (die z. B. oft eine Zeit oder einen Ort angeben):

Helvetii post mortem ducis finitimis bellum intulerunt.
                 ⎵⎵⎵⎵⎵⎵⎵⎵⎵⎵⎵
                      Adverbiale

Die Helvetier überzogen nach dem Tod ihres Führers die Nachbarn mit Krieg.

Pro multitudine hominum Helvetii angustos fines habebant.
⎵⎵⎵⎵⎵⎵⎵⎵⎵⎵⎵⎵⎵⎵⎵⎵⎵⎵⎵
          Adverbiale

Im Verhältnis zu ihrer großen Bevölkerung hatten die Helvetier ein knapp bemessenes Gebiet.

7.3.1 Der adverbial gebrauchte Ablativ

Häufig wird der Ablativ als Adverbiale gebraucht:

Caesar magna celeritate in Galliam contendit.
　　　　‿‿‿‿‿‿‿‿‿‿‿
　　　　　　Adverbiale

Cäsar eilte mit großer Schnelligkeit nach Gallien.

Der **Ablativ in adverbialer Funktion** kann die Handlung eines Satzes in verschiedener Weise näher bestimmen:

Der adverbial gebrauchte Ablativ		
Art	Funktion	Beispiel
Ablativus **modi**	gibt die **Art und Weise** der Handlung an: **Wie** geschieht etwas?	magna celeritate *mit großer Schnelligkeit*
Ablativus **causae**	gibt einen **Grund**, eine **Ursache** an: **Warum** geschieht etwas?	irā *aus Zorn*
Ablativus **instrumenti**	gibt ein **Mittel** an: **Womit** geschieht etwas?	securi *mit dem Beil*
Ablativus **temporis**[1]	gibt die **Zeit** an: **Wann** geschieht etwas?	eo anno *in diesem Jahr*
Ablativus **separationis**	gibt eine **Trennung** an: **Wovon** entfernt man sich?	finibus *von den Grenzen*

1 Demgegenüber gibt der Accusativus temporis eine zeitliche Dauer an: Wie lange dauert etwas? Antwort: *Unum annum* – ein Jahr.

Übung 48　Unterstreiche in folgenden Sätzen die als Adverbialien gebrauchten Ablative, bestimme die Art des Ablativs und übersetze dann die Sätze.

a) Caesari hostes commeatu intercludere contigerat.
b) Gallorum viri milites Romanos magno clamore terruerunt.
c) Imperator Marcus Aurelius gentibus Germanorum nummis etiam persuadere temptavit.
d) Timore Romanorum hostes bellum inferre non audebant.
e) Nonnulli homines modo pecudum vivere consueverunt.
f) Paulam amicam superioribus diebus non vidi.
g) Non amore, sed odio vir in patriam redire decrevit.
h) Senator lectica (lectica, -ae: die Sänfte) se in curiam ferri iussit.
i) Etiam inopia oppressi homines iniuria abstinere debent.

7.3.2 Der adverbial gebrauchte Dativ

Seltener kommt der **Dativ als Adverbiale** vor, entweder als
- **Dativus finalis** (Dativ des Zwecks) oder als
- **Dativus commodi** (Dativ des Vorteils).

Der Dativ in adverbialer Funktion		
Art	Funktion	Beispiel
Dativus **finalis**	gibt den **Zweck** der Handlung an: Worauf zielt etwas ab?	Caesar multos milites castris praesidio reliquit. *Cäsar ließ dem Lager viele Soldaten zum Schutz zurück.*
Dativus **commodi**	gibt an, wem zum **Vorteil** etwas geschieht: Für wen ist etwas vorteilhaft?	Agricolae sibi arant, sibi serunt, sibi metunt. *Die Bauern pflügen für sich, säen für sich, ernten für sich.*

Übung 49 Übersetze folgende Sätze.
a) Non vitae, sed scholae discimus (Seneca).
b) Homini usui est nonnumquam sui oblivisci.
c) Imperator legato subsidio venit.
d) Homo non sibi soli (Dativ) natus est.
e) Virtus feminae magis honori est quam pulchritudo.

Marcus Tullius Cicero (106–43 v. Chr.), Redner, Staatsmann und Schriftsteller. Rom, Museo della Civiltà Romana

Übung 50 Unterstreiche in folgenden Sätzen die Attribute einfach, Adverbien und Adverbialien zweifach. Versuche anschließend eine Übersetzung.

a) Femina demissis capillis et ore rubro in triclinio cubabat.
b) Desiderium patriae Ciceronem absentem semper vexabat.
c) Non forma, sed moribus feminae viris placeant.
d) Male dicit, qui odio dicit.
e) Pars Romanorum Caesarem, pars Pompeium Magnum consulem volebat.

7.4 Das Supin

Das Supin auf **-um** stellt eine – wenn auch seltene – Erweiterung des Prädikats dar, ist also ebenfalls ein Adverbiale.

Das Supin auf **-um**, das aussieht wie das Neutrum Singular des Partizip Perfekt Passiv, dessen Endung sich aber nie verändert, **gibt nach Verben der Bewegung** das **Ziel dieser Bewegung** an.

Beispiele:
ire venatum	*auf die Jagd gehen*
vocari salutatum	*zur Begrüßung gerufen werden*
contendere incursatum	*zum Angriff eilen*
mittere oratum	*zum Bitten schicken*

Das Supin auf -um in einem Satz:

Hannibal invictus patriam defensum revocatus est.
Hannibal ist, obwohl unbesiegt, zurückgerufen worden, um das Vaterland zu verteidigen.

Das **Supin auf -um ersetzt einen finalen ut-Satz**, der viel häufiger ist und hier folgendermaßen lauten würde:

Hannibal invictus, ut patriam defenderet, revocatus est.
..., damit er das Vaterland verteidigte.

Noch seltener ist das **Supin auf -u**: Es genügt, wenn man sich folgende Ausdrücke merkt:

facile est intellectu – *es ist leicht einzusehen*
mirabile est dictu – *es ist sonderbar zu sagen, es klingt sonderbar*

Übung 51 Übersetze folgende Sätze und verwandle dann die finalen ut-Sätze im Lateinischen in Supin-Konstruktionen.
a) Parentes liberos ad magistros mittunt, ut sapientiam sibi parent.
b) Spectatores in Colosseum properaverunt, ut novum elephantum admirarentur.
c) Caesar ipse inter milites se iecit, ut hostes superaret.
d) Mendicus in forum ibat, ut pecuniam ab hominibus misericordibus oraret.
e) Medicus vocatus est, ut avum aegrotum sanaret.

Im Colosseum befanden sich die Anlagen, in denen sich Tiere und Menschen vor ihrem Auftritt aufhielten, unter der Arena. Eingeweiht wurde das Colosseum im Jahre 80 n. Chr. und fasste etwa 50 000 Zuschauer.

7.5 Das Prädikatsnomen

Eine besondere Art der Satzaussage liegt vor, wenn das Prädikat aus einer Form von *esse* in Verbindung mit einem Prädikatsnomen besteht:

Subjekt + Prädikat

(esse) + **Prädikatsnomen**

Homines sunt mortales.   *Die Menschen sind sterblich.*
Cicero est consul.   *Cicero ist Konsul.*
Dei sunt domini.   *Die Götter sind die Herren.*

Bei *esse* steht also der **doppelte Nominativ:** Das Prädikatsnomen steht wie das Subjekt, auf das es sich bezieht, im Nominativ.

In den folgenden drei Beispielsätzen wird *esse* durch andere Verben ersetzt, die ebenfalls einen doppelten Nominativ bei sich haben:

    Homines nominantur mortales. *Die Menschen werden sterblich genannt.*

    Cicero consul deligitur. *Cicero wird zum Konsul gewählt.*

    Dei existimantur domini. *Die Götter werden für die Herren gehalten.*

Die wichtigen Verben, die wie *esse* einen **doppelten Nominativ** bei sich haben, lassen sich in einer Tabelle zusammenfassen:

Verben mit doppeltem Nominativ			
fieri	werden zu	creari	gewählt werden zu
nasci	geboren werden als	existimari	gehalten werden für
nominari	genannt werden	putari	gehalten werden für
deligi	gewählt werden zu	videri	erscheinen als

Die wörtliche Übersetzung mit doppeltem Nominativ ist meist nicht möglich, oft bietet sich im Deutschen für das lateinische Prädikatsnomen im Nominativ ein Präpositionalausdruck an (z. B. gewählt werden zu). Interessant ist die Veränderung des Satzmodells, wenn die in der Tabelle im Infinitiv Passiv stehenden Verben aktiv gebraucht werden:

S +   Akk.-O. +   **PN** +   Verbform

Homerus homines mortales nominat.
Homer nennt die Menschen sterblich.

Romani Ciceronem consulem deligunt.
Die Römer wählen Cicero zum Konsul.

Homines deos dominos existimant.
Die Menschen halten die Götter für die Herren.

Jetzt bezieht sich das Prädikatsnomen (PN) auf das Akkusativobjekt des Satzes, es muss somit auch in den Akkusativ treten.
Außerdem hat das aktiv gebrauchte Verbum eine Leerstelle für ein neues Subjekt eröffnet. Bei den aktiv gebrauchten Verbformen steht also statt des doppelten Nominativs der **doppelte Akkusativ**.

Übung 52 Verwandle folgende Sätze mit doppeltem Akkusativ in Sätze mit doppeltem Nominativ, indem du ihre Subjekte streichst und die Akkusative in den Nominativ setzt. Übersetze die verwandelten Sätze.

a) Inopia homines nonnumquam bestias facit.
b) Romani Augustum imperatorem non creabant.
c) Pater filium ingeniosissimum putabat.
d) Ego eum non iam amicum meum video.

Gaius Iulius Caesar Augustus (63 v. Chr. – 14 n. Chr.). Rom, Vatikanische Museen

Eine Ergänzung zum Prädikatsnomen ist noch nötig:
Steht im hier behandelten Satzmodell ein allein stehendes Pronomen an der Subjektstelle, richtet es sich in Fall, Zahl und Geschlecht nach seinem Prädikatsnomen:

Ii amici mei sunt.	*Das sind meine Freunde.*
Eae amicae meae sunt.	*Das sind meine Freundinnen.*
Ea gens barbarorum est.	*Das ist ein Volk von Barbaren.*

Dasselbe gilt auch für ein allein stehendes Pronomen an der Objektstelle:

Eam gentem barbarorum nomino.   *Das nenne ich ein Volk von Barbaren.*

8 Die Modi

Wie das Deutsche unterscheidet das Lateinische drei Modi (Aussageweisen): den Indikativ, den Imperativ und den Konjunktiv.

Der **Indikativ** (*indicare* – angeben, berichten) gibt eine Tatsache an, **berichtet gegebene Fakten**. Steht ein Satz im Indikativ, liegt ein sogenannter **Realis** vor. Der **Imperativ** ist die **Befehlsform**, eine eher selten gebrauchte Aussageweise des Verbs.

Wichtiger ist der **Konjunktiv** (*coniungere* – verbinden). Er drückt aus, dass eine Aussage besonders **eng mit der persönlichen Einstellung des Sprechers verbunden** ist. Wünscht er das Gesagte oder bezweifelt er es oder hält er die beschriebene Tatsache gar für unmöglich, steht auch im Hauptsatz der Konjunktiv. Dann liegt der sogenannte Optativ, der Potentialis oder der Irrealis vor. Weil diese drei Varianten des Konjunktivs im lateinischen Hauptsatz eine wichtige Rolle spielen, müssen sie sorgfältig unterschieden werden.

8.1 Der Optativ

Als Optativ (*optare* – wünschen) drückt der Konjunktiv einen Wunsch des Sprechers aus, der hofft, die im Satz beschriebene Tatsache möge geschehen.

Der Optativ kann verschiedene Aspekte beinhalten:
- Der Wunsch kann als **erfüllbar** gedacht sein: Hoffentlich bestehst du das Schuljahr.
- Er kann als **unerfüllbar** gedacht sein: Wenn du doch nicht durchgefallen wärst.
- Er kann sich auf die **Gegenwart** beziehen: Möge es dir schmecken.
- Er kann sich auf die **Vergangenheit** beziehen: Hoffentlich hattest du eine gute Nacht.
- Für die unterschiedlichen Grade der Erfüllbarkeit und die Zeitstufen werden verschiedene Konjunktive verwendet:

Wunsch	für die Gegenwart	für die Vergangenheit
erfüllbar:	Konjunktiv Präsens	Konjunktiv Perfekt
unerfüllbar:	Konjunktiv Imperfekt	Konjunktiv Plusquamperfekt

- Häufig wird durch ein vorangestelltes *utinam* der Wunschcharakter des Satzes besonders betont. Dieses Wort kann mit „wenn doch", „dass doch" ins Deutsche übersetzt werden, es kann aber auch unübersetzt bleiben.
- Bei verneinten Wünschen wird aus *non* → *ne*.

- Ein erfüllbarer Wunsch für die Gegenwart:

  Valeamus semper, semper felices simus.
  Mögen wir immer gesund, mögen wir immer glücklich sein.

  Der Optativ für die 1. Person Plural, wie im oberen Beispiel, heißt auch **Hortativ** (*hortari* – auffordern).

- Ein erfüllbarer Wunsch für die Vergangenheit:

  Utinam filius sanus Alexandriam venerit.
  Hoffentlich ist mein Sohn gut nach Alexandria gekommen.

- Ein unerfüllbarer Wunsch für die Gegenwart:

  Utinam pater viveret.
  Wenn doch der Vater noch lebte.

- Ein unerfüllbarer Wunsch für die Vergangenheit:

  Utinam pater in proelio ne cecidisset.
  Dass doch der Vater in der Schlacht nicht gefallen wäre.

Übung 53 Unterstreiche in folgenden Sätzen alle Einleitungen mit *utinam*. Schreibe alle Verbformen heraus und stelle die jeweilige Optativ-Variante fest (erfüllbarer/unerfüllbarer Wunsch für die Gegenwart/die Vergangenheit). Dann übersetzt du die Sätze.

a) Utinam mihi semper veritatem dixisses!
b) Utinam ne mentitus esses umquam!
c) Vita tua tibi bene contingat!
d) Utinam consul post cladem viveret.
e) Apud nos semper maneatis!
f) Utinam exercitus Romanus hostes vicerit!
g) Ne nos homines umquam moriremur!
h) Utinam nostri milites hostes vicissent!
i) Filius cum patre ante mortem colloqui potuerit!
j) Semper contenti, semper felices sitis!

8.2 Der Prohibitiv

Auch in der Umschreibung des verneinten Imperativs liegt ein Wunsch vor, wenn auch ein negativer – der Prohibitiv. Der verneinte Imperativ wird in der Regel durch **ne** in Verbindung mit dem **Konjunktiv Perfekt** ersetzt. Dann liegt der Prohibitiv vor:

> Visitate me!   Besucht mich!
> Ne visitaveritis me! Besucht mich nicht!

Übung 54 Verneine folgende Imperative mit dem Prohibitiv.

a) Amicis in omnibus rebus veniam da! (Verzeih deinen Freunden in allem!)
b) Venite semper in nostram domum! (Kommt immer in unser Haus!)
c) Parete hic verbis maiorum! (Gehorcht hier den Worten der Vorfahren!)

8.3 Der Potentialis

Als Potentialis drückt der Konjunktiv einen **Zweifel des Sprechers am Gesagten** aus: Es könnte sein, es ist vielleicht so, es hat unter Umständen stattgefunden. Auch hier lassen sich die Konstruktionsvarianten in einer Tabelle darstellen:

Potentialis	für die Gegenwart	für die Vergangenheit
Ausdruck des Zweifels, der Unsicherheit	Konjunktiv Präsens oder Konjunktiv Perfekt	Konjunktiv Imperfekt

Ein für die **Gegenwart** geltender Satz wird nur zögernd, zweifelnd ausgesprochen:

> Nemo fame inductus hominem necet/necaverit.
> *Niemand wird wohl aus Hunger einen Menschen töten.*

Eine für die **Vergangenheit** geltende Behauptung wird mit einer gewissen Unsicherheit ausgesprochen:

> Haud facile discerneres, haec mulier pecuniae an famae minus parceret.
> *Du hättest (man hätte) nicht leicht entscheiden können, ob diese Frau weniger auf das Geld oder ihren Ruf achtete.*

> Id quidem nollem te domum relinquere.
> *Das hätte ich doch nicht wollen können, dass du das Haus verlässt.*

Satzlehre: Die Modi

Übung 55 Übersetze folgende Sätze, die im Potentialis der Vergangenheit stehen. Verwandle die lateinischen Sätze dann in den Potentialis der Gegenwart.

a) Maiore virtute adversarios fortasse vinceremus.
b) Ipse videres te non recte facere.
c) Quomodo id periculum effugeremus?
d) Num coniugi divitias sempiternas promitterem?
e) Putares te iam victum esse.

8.4 Der Irrealis

Der Irrealis drückt aus, dass die im Satz enthaltene Aussage von vornherein eine **bloße Annahme** ist und **nicht als Wirklichkeit** angesehen wird. Deshalb erscheint der Irrealis meist in Verbindung mit einem wenn-Satz, der die dargestellte Tatsache als bloße Spekulation kennzeichnet. Die **Konstruktion** des Irrealis macht keinerlei Schwierigkeit, weil sie ganz wie im Deutschen abläuft:

- Der **Irrealis der Gegenwart** wird durch **Konjunktiv Imperfekt** ausgedrückt.
- Der **Irrealis der Vergangenheit** wird durch **Konjunktiv Plusquamperfekt** ausgedrückt.

> Nisi aegrotarem, te visitarem.
> *Wenn ich nicht krank wäre, würde ich dich besuchen.*
> Nisi aegrotavissem, te visitavissem.
> *Wenn ich nicht krank gewesen wäre, hätte ich dich besucht.*
> Si pater dives esset, mihi equum emeret.
> *Wenn der Vater reich wäre, würde er mir ein Pferd kaufen.*
> Si pater dives fuisset, mihi equum emisset.
> *Wenn der Vater reich gewesen wäre, hätte er mir ein Pferd gekauft.*

Übung 56 Übersetze folgende Sätze, die im Irrealis der Gegenwart stehen. Verwandle dann die lateinischen Sätze in den Irrealis der Vergangenheit.

a) Si pecuniam haberem, te libenter adiuvarem.
b) Si Hannibal Romanos vinceret, dominus mundi esset.
c) Nisi Caesar patriam desideraret, tutus in Gallia maneret.
d) Vita sine ducibus esset, si philosophi non essent.
e) Tristis essem, nisi amicos haberem.

Übung 57 Zum Abschluss des Kapitels eine die Modi zusammenfassende Übung: Übersetze die folgenden Sätze und gib jeweils an, ob ein Optativ, ein Potentialis oder ein Irrealis vorliegt.
Tipps: Den Irrealis erkennst du meist am konditionalen Nebensatz (*si:* wenn; *nisi:* wenn nicht). Ein *utinam* signalisiert immer Optativ. Ansonsten erkennst du am Sinn des Satzes, ob ein Wunsch oder ein Zweifel (Potentialis) ausgedrückt ist.

a) Utinam parentes meos numquam reliquissem.
b) Amici te semper ament, inimici te oderint.
c) Si te vidissem, te increpuissem.
d) Deis bonis tantum homines boni placeant.
e) Utinam nos omnes immortales essemus.
f) Nisi laborarem, vivere non possem.
g) Quis parricidae illi ignosceret?
h) Amicus Romam venerit, eum videam.

Rom zur Zeit Konstantins des Großen (306–337). Im Vordergrund der Circus Maximus, dahinter der Palatin. Rechts am Rand befindet sich das Colosseum.

9 Besondere Konstruktionen im Lateinischen

Es gibt im Lateinischen Konstruktionen, für die sich im Deutschen keine rechte Entsprechung findet: Sie sind fast allen Schülern bekannt, vor allem leider als Fehlerquellen, wie viele bestätigen werden. Die der eigenen Muttersprache fremden Erscheinungen fügen sich nur schwer in die Übersetzung, obwohl sie so häufig vorkommen. Sobald man sich freilich der Fallen bewusst wird, ist man ihnen schon so gut wie entkommen.

9.1 Gerundiv und Gerundium

Das Gerundiv wird vom Verbum abgeleitet, indem adjektivische Endungen an den Verbalstamm treten: Damit liegt ein sogenanntes **Verbaladjektiv** vor. Zunächst soll die Formenbildung wiederholt werden, die das Deutsche zumindest nachahmen kann:

Das Gerundiv	
lauda-**nd-us**, -a, -um	ein zu lobe-**nd**-er
mone-**nd-us**, -a, -um	ein zu mahne-**nd**-er
rege-**nd-us**, -a, -um	ein zu lenke-**nd**-er
capie-**nd-us**, -a, -um	ein zu fasse-**nd**-er

Das vom Namen und von der Endung her mit dem Gerundiv leicht verwechselbare Gerundium ist der **substantivierte** und damit deklinierbare **Infinitiv**:

Das Gerundium	
laudare	das Loben
lauda-**nd-i**	des Lobens
lauda-**nd-o**	dem Loben
ad lauda-**nd-um**	zum Loben
lauda-**nd-o**	durch das Loben

Ein Beispiel für das Gerundium:

> In amando nonnullis poetis omnis vita posita est.
> *Im Lieben liegt für manche Dichter das ganze Leben.*

9.1.1 Das Gerundiv als Attribut

Wie ein Adjektiv kann das Gerundiv als **Attribut** in den Satz eingebaut werden:

Subjekt/**Gerundiv**   +   Objekt/**Gerundiv**   +   Prädikat

Liberi parentibus magnum laborem parant.
Kinder machen ihren Eltern große Mühe.

Jetzt wird das Subjekt mit einem Gerundiv erweitert:

Liberi **educandi** parentibus magnum laborem parant.
Zu erziehende Kinder machen ihren Eltern große Mühe.

Die wörtliche Übersetzung kann so nicht stehen bleiben, man übersetzt das Gerundiv freier mit einem Substantiv:

Die Erziehung der Kinder macht den Eltern große Mühe.

Ein weiterer Beispielsatz:

Philosophi voluptates repudiant.
Philosophen verschmähen Vergnügen.

Nun wird das Akkusativobjekt mit einem Gerundiv als Attribut erweitert.

Philosophi voluptates **fruendas** repudiant.
Die Philosophen verschmähen zu genießende Vergnügen.

Auch Deponentia wie *frui* bilden also ein regelmäßiges Gerundiv.
Erneut bietet sich hier die freiere Übersetzung mit einem Substantiv an:

Die Philosophen verschmähen den Genuss von Vergnügen.

9.1.2 Das Gerundiv als Prädikatsnomen

Ebenso kann das Gerundiv als **Prädikatsnomen** stehen:

Subjekt + Objekt   +   Prädikat

Gerundiv   + Verbform

Cicero a patre Philoni philosopho traditus est.
Cicero wurde von seinem Vater dem Philosophen Philo übergeben.

Jetzt wird das Prädikat *(traditus est)* mit einem Gerundiv als Prädikatsnomen ergänzt:

> Cicero a patre Philoni philosopho **educandus** traditus est.
> *Cicero wurde von seinem Vater dem Philosophen Philo als ein zu Erziehender übergeben.*

Auch hier bietet sich eine freiere Übersetzung des Gerundivs mit einem Substantiv in einem Präpositionalausdruck an:

> *Cicero wurde von seinem Vater dem Philosophen Philo zur Erziehung übergeben.*

9.1.3 Das Gerundiv + *esse* als Prädikat

In diesem Satzmodell bekommt das Gerundiv eine neue, ganz bestimmte Färbung: Es drückt aus, dass etwas geschehen oder getan werden muss.

> Bonus est laudandus.
> *Ein guter Mensch ist ein zu lobender.*
> *Ein guter Mensch muss gelobt werden.*

> Virtus est amanda.
> *Tugend ist eine zu liebende.*
> *Tugend muss geliebt werden.*

Das Prädikat hat hier eine weitere Leerstelle eröffnet mit der sich aus dem Satz ergebenden Frage:

> Von wem? Oder: Wer muss da etwas tun?

Eine wichtige Regel zum Gerundiv als Prädikat:

Beim Gerundiv steht der zu **behandelnde** Gegenstand oder die **zu behandelnde** Person als Subjekt im Nominativ, die **handelnde Person** im Dativ (Dativus auctoris).

> <u>Omnibus</u> bonus est laudandus.
> *Für alle ist ein guter Mensch ein zu lobender.*
> *Alle müssen einen guten Menschen loben.*

Hominibus virtus est amanda.
Für die Menschen ist die Tugend eine zu liebende.
Von den Menschen muss die Tugend geliebt werden.
Die Menschen müssen die Tugend lieben.

Noch eine Ergänzung zu dieser Konstruktion: Wird das Gerundiv nicht von einem transitiven, sondern von einem **intransitiven** Verbum gebildet, wird es, wie man sagt, **unpersönlich** gebraucht. Es steht im Neutrum Singular in der Verbindung mit *est*. Zur Erinnerung: Transitive Verben regieren ein Akkusativobjekt (das Haus sehen) und können passiv verwendet werden (das Haus wird gesehen), intransitive nicht (z. B.: es scheint). Die handelnde Person steht auch in der Verbindung mit einem intransitiven Verb wieder im Dativ, die zu behandelnde Sache oder Person in dem Kasus, den das Verbum regiert.

Omni homini utendum est sua ratione.
Jeder Mensch muss seinen Verstand gebrauchen.

Tibi non est obliviscendum beneficiorum acceptorum.
Du darfst empfangene Wohltaten nicht vergessen.

Übung 58 Übersetze folgende Sätze mit einer Gerundivkonstruktion ins Lateinische. Denk daran: Die handelnde Person steht im Dativ, die zu behandelnde Person oder Sache steht als Subjekt im Nominativ.

a) Ein Bauer muss auch einen schlechten Acker bebauen *(colere)*.
b) Die Römer hätten ihren Staat anders einrichten müssen (Plusquamperfekt!).
c) Die Soldaten müssen die feindliche Stadt einnehmen *(potiri* + Ablativ).
d) Du darfst ärmere Menschen nicht verachten.
e) Für die Mahlzeit müssen wir viele Speisen einkaufen.
f) Schüler dürfen vom Lehrer nicht immer nur getadelt werden.
g) Du musst empfangenes Unrecht bald vergessen.
h) Wir müssen den Worten der Philosophen folgen *(sequi)*.

Bauern bei der Feldarbeit. Detail aus einem Mosaik mit der Darstellung eines Bauernkalenders. Ende des 2. Jh./Anfang des 3. Jh. Saint-Germain-en-Laye, Musée des Antiquités Nationales

9.2 Partizipialkonstruktionen

Während das Deutsche zusätzliche Erklärungen zu einem Satz meist durch Nebensätze gibt, verwendet das Latein hierzu sehr häufig das Partizip.

9.2.1 Das Participium coniunctum

Zunächst empfiehlt es sich auch hier, die Formenbildung zu wiederholen. Es gibt bekanntlich im Lateinischen drei Partizipien:

- Das **Partizip Präsens Aktiv** bezieht sich auf die jeweilige Gegenwart, es wird **gleichzeitig** gebraucht:

Das Partizip Präsens Aktiv	
lauda-**ns**, lauda-**ntis**	lobend
mone-**ns**, mone-**ntis**	mahnend
audie-**ns**, audie-**ntis**	hörend
rege-**ns**, rege-**ntis**	lenkend
capie-**ns**, capie-**ntis**	fassend

- Das **Partizip Perfekt Passiv** weist in die Vergangenheit, es wird **vorzeitig** gebraucht:

Das Partizip Perfekt Passiv		
lauda-**tus**, -a, -um	gelobt	einer, der gelobt worden ist
moni-**tus**, -a, -um	gemahnt	einer, der gemahnt worden ist
audi-**tus**, -a, -um	gehört	einer, der gehört worden ist
rec-**tus**, -a, -um	gelenkt	einer, der gelenkt worden ist
cap-**tus**, -a, -um	gefasst	einer, der gefasst worden ist

- Das **Partizip Futur Aktiv** weist in die Zukunft, es wird **nachzeitig** gebraucht:

Das Partizip Futur Aktiv	
lauda-**turus**, -a, -um	loben wollend; im Begriff zu loben; einer, der loben will oder wird
moni-**turus**, -a, -um	mahnen wollend ...
audi-**turus**, -a, -um	hören wollend ...
rec-**turus**, -a, -um	lenken wollend ...
cap-**turus**, -a, -um	fassen wollend ...

Das Participium coniunctum (*coniungere* – verbinden) ist in gewisser Weise mit dem Subjekt oder dem Objekt „verbunden". Die syntaktische Rolle des Participium coniunctum soll wieder am einfachen Satzmodell klar werden.

Das **Participium coniunctum** erläutert die Aussage eines Satzes, indem es von einer vom Subjekt oder einem Objekt ausgehenden (aktiven) oder diese betreffenden (passiven) Handlung berichtet:

S + O + P
+   +
Participium coniunctum   **Participium coniunctum**

Naturgemäß richtet sich das Participium coniunctum in Fall, Zahl und Geschlecht nach dem Satzteil, auf den es sich bezieht. An der Endung erkennt man also, ob sich das Participium coniunctum auf das Subjekt oder ein Objekt bezieht.

Nun soll das Modell an konkreten Sätzen verdeutlicht werden. Diese handeln von dem athenischen Tyrannen Hippias, der nach seiner Vertreibung vergeblich versuchte, mit persischer Hilfe die Herrschaft über Athen zurückzugewinnen.

Hippias cecidit.
Hippias fiel.

Erweiterung des Subjekts (Hippias) durch ein Participium coniunctum:

Hippias cecicit.
arma contra patriam ferens
Hippias fiel, als er die Waffen gegen sein Vaterland richtete.

Ein weiterer Satz:
Dei Hippiam in exitium coniecerunt.
Die Götter stürzten Hippias ins Verderben.

Nun wird das **Objekt** (Hippiam) durch ein Participium coniunctum erweitert:

Dei Hippiam in exitium coniecerunt.
arma contra patriam ferentem
Die Götter stürzten Hippias, weil er die Waffen gegen das eigene Vaterland richtete, ins Verderben.

Übung 59 Bilde in folgenden Sätzen aus den in Klammern stehenden Verben Participia coniuncta mit den richtigen Endungen.

a) Hominem nihil (agere) nemo admirabitur.
   Einen Menschen, der nichts tut, wird niemand bewundern.
b) Dionysium Syracusis (Syracusae, -arum, f.: Syrakus) (expellere) Corinthi (Corinthus, -i, f.: Korinth) pueros docuisse scriptor quidam tradit.
   Ein Schriftsteller überliefert, dass Dionysius, nachdem er aus Syrakus vertrieben worden war, in Korinth Kinder unterrichtet hat.
c) A rege Persarum Graecis bellum (inferre) ingens exercitus coactus est.
   Vom Perserkönig, der Griechenland bekriegen wollte, ist ein gewaltiges Heer versammelt worden.
d) Caesar vento secundo (adiuvare) copias una nocte per mare in Graeciam traduxit. Caesar wurde von einem günstigen Wind unterstützt und hat so seine Truppen in einer Nacht über das Meer nach Griechenland übergesetzt.
e) Magna turba hominum triumphum imperatoris (videre) in forum properabat. Eine große Schar von Menschen eilte auf das Forum, weil sie den Triumphzug des Feldherrn sehen wollten.
f) Hominibus propter res secundas aliis (invidere) invidia vitio datur.
   Menschen, die andere wegen ihres Glücks beneiden, wird ihr Neid als Fehler angerechnet.

Darstellung des Triumphzugs des Titus nach der Eroberung Jerusalems im Jahre 70 n. Chr. Rom, Titusbogen

9.2.2 Der Ablativus absolutus

Während das Participium coniunctum auf das Subjekt oder ein Objekt des Satzes bezogen ist, steht der Ablativus absolutus **losgelöst** (*absolvere* – loslösen) neben dem Satz: Er besteht aus einem **Substantiv im Ablativ** (gleichsam dem Subjekt des Ablativus absolutus) und einem **Partizip im Ablativ** (gewissermaßen dem Prädikat des Ablativus absolutus).

Wir haben dann dieses Satzmodell:

S +   O +   P

Athenienses Persas vicerunt.
Die Athener besiegten die Perser.

Erweiterung des Satzes durch einen Ablativus absolutus:

S +   O +   P +   **Ablativus absolutus**

Athenienses Persas vicerunt Hippia arma contra patriam ferente.
Die Athener besiegten die Perser, obwohl Hippias (selbst) die Waffen gegen sein Vaterland richtete.

Der Ablativus absolutus ist ein **satzartiges Gebilde** mit einer Art eigenem Subjekt (Substantiv im Ablativ) und einer Art eigenem Prädikat (Partizip im Ablativ).

Manchmal steht im Ablativus absolutus statt des Partizips ein **Substantiv** oder ein **Adjektiv**, z. B.

Hannibale duce – *unter Führung Hannibals*

Hannibale vivo – *noch zu Lebzeiten Hannibals*

Übung 60 Übersetze die folgenden Sätze. Dann ersetzt du im Lateinischen den Ablativus absolutus durch einen im Konjunktiv stehenden *cum*-Satz (als, weil …).
a) Ludis Olympiacis ineuntibus multi homines Olympiam concurrebant.
b) Cicero populo convocato orationem optimam habuit.
c) Foedere inter hostes coniuncto pax longa erat.
d) Adulescentibus Olympiae de victoria certantibus etiam Nero imperator ludis intererat.
e) Urbe tempestate atrocissima deleta multi homines in paupertatem et inopiam iacti sunt.
f) Horatius poeta carmina scribebat Augusto regnante.

9.2.3 Die Zeitenfolge bei der Partizipialkonstruktion

In den bisherigen Beispielsätzen wurde nur das Partizip Präsens Aktiv verwendet, das Gleichzeitigkeit zur Handlung des Prädikats signalisiert. Um die Regeln der Zeitenfolge deutlicher zu verstehen, folgt nun jeweils ein Beispielsatz mit dem Partizip Perfekt Passiv und dem Partizip Futur Aktiv.

Die Handlung des **Partizip Perfekt Passiv** lief schon vor der Handlung des Prädikats ab: **Vorzeitigkeit**.

> Hippias e patria expulsus Persas in Athenienses excitabat.
> *Nachdem Hippias aus seiner Heimat vertrieben worden war, versuchte er, die Perser gegen die Athener aufzustacheln.*

Die Handlung des **Partizip Futur Aktiv** ist für die Zukunft geplant, sie wird erst nach der Handlung des Prädikats ablaufen: **Nachzeitigkeit**.

> Hippias regnum recuperaturus patriam incursavit.
> *Hippias, der die Königsherrschaft wiedergewinnen wollte, griff sein Vaterland an.*

	Prädikat	
Partizip Perfekt Passiv	Partizip Präsens Aktiv	Partizip Futur Aktiv
vorzeitig	gleichzeitig	nachzeitig

9.2.4 Übersetzungsmöglichkeiten für die Partizipialkonstruktion

Für die Darstellung der vier Übersetzungsmöglichkeiten für eine Partizipialkonstruktion soll noch einmal der Beispielsatz *Hippias arma contra patriam ferens cecidit* herangezogen werden:

- Am besten trifft ein **konjunktionaler Nebensatz** den Sinn des Partizips.
  Beispiel: *Als Hippias die Waffen gegen das Vaterland richtete, fiel er.*

- Manchmal bietet sich ein **relativer Nebensatz** an:
  Beispiel: *Hippias, welcher die Waffen gegen das Vaterland richtete, fiel.*

- Seltener ist eine **Beiordnung des Partizips** neben das Prädikat mit „und" günstig:
  Beispiel: *Hippias richtete die Waffen gegen das Vaterland und fiel.*

- Auch die Übersetzung mit einem **Präpositionalausdruck** ist möglich:
  Beispiel: *Hippias fiel beim bewaffneten Angriff auf das Vaterland.*

Satzlehre: Besondere Konstruktionen im Lateinischen 93

Übung 61 Übersetze den nachstehenden Satz, wobei du das Participium coniunctum im Deutschen mit vier verschiedenen syntaktischen Möglichkeiten wiedergibst.

Caesar Gallia potitus (potiri + Ablativ, potior, potitus sum: erobern) Romam rediit.

Übung 62 Unterstreiche in den folgenden Sätzen die Participia coniuncta und die Subjekte oder Objekte, auf die sie sich beziehen.
Löse den Ablativus absolutus jeweils durch Klammern aus dem Satz heraus.
Übersetze die Sätze dann ins Deutsche!

a) Alexander exploratis regionibus omnes copias castris educit.
b) Tarquinius Superbus Ardeam oppugnans imperium perdidit.
c) Caesar Alexandria potitus regnum Cleopatrae dedit.
d) Athenienses Alcibiadem a rege Persarum corruptum arguebant.
e) C. Flaminius Caelius religione neglecta apud Trasumenum cecidit.
f) Mendaci homini ne verum quidem dicenti credere solemus.
g) Tribunus militum milites in propinquum collem recepit se loci praesidio defensurus.
h) Non loquar pace non facta.

Alexander der Große, König von Makedonien (356 v. Chr. – 323 v. Chr.). Ausschnitt aus dem „Alexandermosaik", das 1831 in der Casa del Fauno, Pompeji, gefunden wurde.
2. Jh. v. Chr.
Neapel, Museo Archeologico Nazionale

Münze mit dem Porträt der ägyptischen Königin Kleopatra (69 – 30 v. Chr.).
Tübingen, Münzsammlung der Universität im Schloss Hohentübingen

9.3 Der AcI

Eine besondere „Erfindung" des Lateinischen liegt auch in der Konstruktion des **Accusativus cum Infinitivo** vor. Ihm entspricht ein deutscher Aussagesatz mit der Konjunktion „dass".

Der AcI steht
- nach den **verba dicendi**, die ein Sprechen bezeichnen.

  Beispiele: dicere — sagen, dass

  contendere — behaupten, dass

  persuadere — überzeugen, dass

- nach den **verba sentiendi**, die eine geistige Wahrnehmung oder ein Denken bezeichnen.

  Beispiele: animadvertere — wahrnehmen, dass

  intellegere — einsehen, dass

  cogitare — denken, dass

- nach den **verba affectus**, die ein Gefühl bezeichnen.

  Beispiele: gaudere — sich freuen, dass

  mirari — sich wundern, dass

  cupere — wünschen, dass

Panaetius Stoicus dixit animas hominum post mortem non interire.
Der Stoiker Panaetius sagte, dass die Seelen der Menschen nach dem Tode nicht zugrunde gehen.

Die *erste* Feststellung ist, dass der AcI insgesamt die Objektstelle des Satzes ausfüllt: Was sagt Panaetius?

S +	P +	Akk.-O.
Panaetius Stoicus	dixit	animas ... non interire.

Die *zweite* Feststellung ist, dass der AcI selbst ein satzartiges Gebilde darstellt mit dem Akkusativ als seinem Subjekt und dem Infinitiv als seinem Prädikat. Er wäre im Modell dann wie ein gewöhnlicher Satz darzustellen:

S (des AcI) +	Adverbiale +	P (des AcI)
animas	post mortem	non interire.
..., dass die Seelen	nach dem Tod	nicht zugrunde gehen.

Der AcI lässt sich also ohne Weiteres in einen deutschen dass-Satz übersetzen: Der Akkusativ wird zum Subjekt im Nominativ, der Infinitiv wird zum Prädikat. Interessanterweise gibt es Ansätze zum AcI auch im Deutschen. Was sich im Deutschen aber nur im Ansatz entwickelt hat, das wurde im Lateinischen zu einer geläufigen Konstruktion:

S + P +	Akk.-O = AcI
Audio	te legere.
Ich höre	*dich lesen.*
Videmus	avem volare.
Wir sehen	*den Vogel fliegen.*

Bei der Bildung und Übersetzung des AcI spielt die Beachtung der Zeitenfolge (Consecutio temporum) eine wichtige Rolle. Je nachdem, ob die Handlung des AcIs gleichzeitig, nachzeitig oder vorzeitig zur Handlung des übergeordneten Satzes ist, kann der Infinitiv in den Zeitstufen Präsens, Futur und Perfekt stehen. Es empfiehlt sich also, die Formenbildung des Infinitivs zu wiederholen. Der **Infinitiv Präsens** bezieht sich auf die jeweilige Gegenwart, er wird **gleichzeitig** gebraucht:

Der Infinitiv Präsens	
Aktiv	
laudare	zu loben
monere	zu mahnen
audire	zu hören
regere	zu lenken
capere	zu fassen
Passiv	
laudari	gelobt zu werden
moneri	gemahnt zu werden
audiri	gehört zu werden
regi	gelenkt zu werden
capi	gefasst zu werden

Der **Infinitiv Futur** weist in die Zukunft, er ist **nachzeitig** gebraucht und kann kaum wörtlich ins Deutsche übersetzt werden. Der Infinitiv Futur Passiv ist unveränderlich. Er besteht eigentlich aus dem Supin auf -um in Verbindung mit dem Infinitiv Präsens Passiv von *ire* – „gehen" und bedeutet wörtlich: „gegangen werden zu etwas".

Der Infinitiv Futur

Aktiv

laudaturum, -am, -um esse	in Zukunft zu loben
moniturum, -am, -um esse	in Zukunft zu mahnen
auditurum, -am, -um esse	in Zukunft zu hören
recturum, -am, -um esse	in Zukunft zu lenken
capturum, -am, -um esse	in Zukunft zu fassen

Passiv

laudatum iri	in Zukunft gelobt zu werden
monitum iri	in Zukunft gemahnt zu werden
auditum iri	in Zukunft gehört zu werden
rectum iri	in Zukunft gelenkt zu werden
captum iri	in Zukunft gefasst zu werden

Der **Infinitiv Perfekt** weist in die Vergangenheit, er ist **vorzeitig** gebraucht:

Der Infinitiv Perfekt

Aktiv

laudavisse	gelobt zu haben
monuisse	gemahnt zu haben
audivisse	gehört zu haben
rexisse	gelenkt zu haben
cepisse	gefasst zu haben

Passiv

laudatum, -am, -um esse	gelobt worden zu sein
monitum, -am, -um esse	gemahnt worden zu sein
auditum, -am, -um esse	gehört worden zu sein
rectum, -am, -um esse	gelenkt worden zu sein
captum, -am, -um esse	gefasst worden zu sein

Die **Zeitenfolge beim AcI** soll an drei Beispielsätzen klar werden:
- Der **Infinitiv Präsens** signalisiert **Gleichzeitigkeit** zur Handlung des Prädikats.
  Beispiel: Iam antea sciverant se infirmos esse.
  Sie hatten schon vorher gewusst, dass sie unterlegen seien.
- Der **Infinitiv Futur** signalisiert **Nachzeitigkeit** zur Handlung des Prädikats.
  Beispiel: Cicero gaudebat se brevi tempore patriam visurum esse.
  Cicero freute sich, dass er bald das Vaterland wiedersehen würde.
- Der **Infinitiv Perfekt** signalisiert **Vorzeitigkeit** zur Handlung des Prädikats.
  Beispiel: Mox sentiet se scelus fecisse.
  Er wird bald merken, dass er ein Verbrechen begangen hat.

Graphische Darstellung der Zeitenfolge beim AcI:

	Prädikat	
Infinitiv Perfekt	Infinitiv Präsens	Infinitiv Futur
vorzeitig	gleichzeitig	nachzeitig

Die oben gebrauchten drei Beispielsätze ermöglichen es, eine wichtige Regel zur Konstruktion des AcI zu ergänzen:

Bezieht sich der AcI auf das Subjekt des Satzes, von dem der AcI abhängt, wird das Reflexivpronomen *se* verwendet, ansonsten die Personalpronomina der 3. Person.

Iam antea sciverant **se** infirmos esse.
Sie hatten schon vorher gewusst, dass sie (selbst) unterlegen seien.

Iam antea sciverant **eos** infirmos esse.
Sie hatten schon vorher gewusst, dass sie (die anderen) unterlegen seien.

Cicero gaudebat **se** brevi tempore patriam visurum esse.
Cicero freute sich, dass er (selbst) bald das Vaterland wiedersehen würde.

Cicero gaudebat **eum** brevi tempore patriam visurum esse.
Cicero freute sich, dass er (der andere) bald das Vaterland wiedersehen würde.

Mox sentiet **se** scelus fecisse.
Er wird bald merken, dass er (selbst) ein Verbrechen begangen hat.

Mox sentiet **eum** scelus fecisse.
Er wird bald merken, dass er (der andere) ein Verbrechen begangen hat.

Übung 63 Verwandle folgende deutsche dass-Sätze in lateinische AcI-Konstruktionen.

Wir wissen, ...
a) ... dass wir Menschen sterblich sind.
b) ... dass Cäsar Gallien erobert hat.
c) ... dass viele Länder von den Römern beherrscht worden sind.
d) ... dass morgen Freunde kommen werden.
e) ... dass Kinder immer von ihren Eltern geliebt werden werden.
f) ... dass ängstliche (timidus, -a, -um) Menschen oft von Hunden gebissen werden.
g) ... dass Lukretia sich selbst getötet hat.

9.4 Der NcI

Die Konstruktion des Accusativus cum Infinitivo kippt dann in eine Konstruktion mit Nominativus cum Infinitivo um, wenn die Person, deren Gedanken im AcI ausgedrückt werden, nicht mehr genannt ist.

Beispiel: Horatius poeta dixit Graeciam captam ferum victorem cepisse.
Der Dichter Horaz sagte, dass das eroberte Griechenland den wilden Sieger[1] (seinerseits) unterworfen habe.

Graecia capta ferum victorem cepisse dicitur.
Man sagt, das eroberte Griechenland habe den wilden Sieger unterworfen.

Auch die Satzstruktur ändert sich:
... dixit Graeciam ...
Graecia ... dicitur

Der Akkusativ des AcI wird zum Nominativ im NcI. Das aktive *dixit* wird zum passiven *dicitur*.

Beispiel: Livius scriptor fert Hannibalem etiam Alpes transisse.
Der Schriftsteller Livius berichtet, dass Hannibal sogar die Alpen überschritten habe.

Hannibal etiam Alpes transisse fertur.
Man berichtet, dass Hannibal sogar die Alpen überschritten habe.

1 Gemeint ist das siegreiche Rom, das von Griechenlands Kultur „besiegt" wurde.

Übung 64 Lass in folgenden lateinischen Sätzen den *scriptor* weg und verwandle den AcI jeweils in einen NcI. Übersetze den NcI-Satz.

a) Scriptor quidam tradit Lucretiam se ipsam necavisse.
b) Scriptor quidam tradit Romam a Romulo conditam esse.
c) Scriptor quidam tradit Antonium Cleopatram in matrimonium duxisse.
d) Scriptor quidam tradit Homerum Vergilium poetam docere.
e) Scriptor quidam tradit Romanos a Graecis septem artes liberales didicisse.

Darstellung der kreisförmig um die personifizierte Philosophie angeordneten *septem artes liberales* (Grammatik, Rhetorik, Dialektik, Musik, Arithmetik, Geometrie, Astronomie) aus dem „Hortus deliciarum" der Herrad von Landsberg (um 1180).

10 Der Fragesatz

Die einfachste Form des Fragesatzes ist die Wortfrage. Diese wird mit einem **Fragewort** eingeleitet, etwa mit *quis?, quid?, cur?, ubi?, quando?*

Quis mundum fecit?
Wer hat die Welt geschaffen?

Cur Romam non hoc anno visitabis?
Warum wirst du Rom nicht in diesem Jahr besuchen?

Daneben kennt das Lateinische aber noch weitere Arten von Fragesätzen.

10.1 Die Satzfrage

Die Satzfrage wird im Lateinischen nicht durch ein Fragewort, sondern durch ein anderes Fragesignal gekennzeichnet:

Factusne mundus est a deo?
Ist die Welt von Gott erschaffen worden?

Das Lateinische kennt hier drei Fragesignale, die interessanterweise schon zeigen, welche Antwort der Fragende erwartet:

Fragesignale		
-ne[1]	die Antwort ist offen:	ja oder nein
num	die erwartete Antwort ist:	nein
nonne	die erwartete Antwort ist:	ja

[1] -ne hängt sich immer an ein anderes Wort an, meist an das erste Wort im Satz.

Factusne mundus est a deo?
Ist die Welt von Gott geschaffen worden?
Erwartete Antwort: Ja oder nein.

Num mundus a deo factus est?
Ist die Welt etwa von Gott geschaffen worden?
Erwartete Antwort: Nein, auf keinen Fall!

Nonne mundus a deo factus est?
Ist die Welt denn nicht von Gott geschaffen worden?
Erwartete Antwort: Ja, freilich!

Übung 65 Überprüfe durch die Übersetzung folgender Varianten einer Frage, die sich jeder Mensch immer wieder stellt, ob du die jeweilige Färbung der lateinischen Frage erkennst! Schreibe auch die entsprechende Antwort gleich dazu.

a) Amatne me?
b) Nonne me amat?
c) Num me amat?

10.2 Die Wahlfrage

Die Wahlfrage oder **disjunktive Frage** (vgl. *disiungere* – trennen) bietet die Auswahl zwischen zwei Möglichkeiten, man kann sich für die eine *oder* die andere entscheiden. Dieses „oder" heißt lateinisch *an*.
Es liegen dabei entweder die üblichen Fragesignale vor, das Signal kann aber auch wegfallen:

    Factusne mundus est a deo an casu ortus est?
    Factus mundus est a deo an casu ortus est?
    Ist die Welt von Gott geschaffen worden oder ist sie durch Zufall entstanden?

    Mundus factus est a deo annon?
    Ist die Welt von Gott geschaffen worden oder nicht?

Im letzten Beispielsatz ist die zweite, durch *annon* („oder nicht") gebildete Möglichkeit nicht weiter ausgeführt. *Annon* kann auch durch *necne* ersetzt werden:

    Mundus factus est a deo necne?
    Ist die Welt von Gott geschaffen worden oder nicht?

Häufig wird eine Wahlfrage durch *utrum* eingeleitet, was wörtlich übersetzt heißt: „welches von beiden?"

    Utrum mundus factus est a deo an casu ortus est?
    Ist die Welt von Gott erschaffen worden oder durch Zufall entstanden?

    Utrum tu amicum an amicus te offendit?
    Hast du deinen Freund oder hat dein Freund dich beleidigt?

10.3 Der Deliberativ

Der Potentialis in der Frage heißt **Deliberativ** (vgl. *deliberare* – überlegen). Denn eine Frage kann auch in den Potentialis (vgl. S. 81) gestellt werden und somit die Unsicherheit des Sprechers deutlich ausdrücken.

    Quid faciam?   *Was könnte ich tun?*
    Quid facerem?   *Was hätte ich tun sollen?*

Wie schon beim Potentialis, so bezieht sich hier auch beim Deliberativ der **Konjunktiv Präsens** auf die **Gegenwart**, der **Konjunktiv Imperfekt** auf die **Vergangenheit**.

Übung 66 Übersetze folgende Fragen ins Lateinische. Achte auf die richtigen Fragesignale.

1. Wen hat Cäsar in der Schlacht von Pharsalus (pugna ad Pharsalum facta) besiegt?
2. Hat etwa Pompeius Cäsar besiegt?
3. Hat denn nicht Cäsar Pompeius besiegt?
4. Hat Cäsar Pompeius oder hat Pompeius Cäsar besiegt?
5. Hat Cäsar Pompeius besiegt oder nicht?
6. Wie hätte Pompeius Cäsar besiegen sollen?

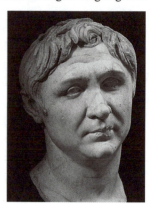

Gnaeus Pompeius Magnus (106–48 v. Chr.). Venedig, Museo Archeologico Nazionale

11 Die Nebensatzarten

Neben der Partizipialkonstruktion verwendet das Lateinische wie das Deutsche den Nebensatz (oder Gliedsatz), um zusätzliche Bemerkungen und Erklärungen zu einem Hauptsatz zu geben. Es gibt drei Nebensatzarten:
- den **konjunktionalen Nebensatz**
- den **Relativsatz**
- den **indirekten Fragesatz**

Auch der Nebensatz stellt übrigens nur ein umfangreicheres Satzglied des einfachen Satzmodells dar. Er steht

- an der **Subjektstelle**:

  S +   O +   P
  Quod me visitas, me iuvat.
  Dass du mich besuchst, freut mich.

- an der **Objektstelle**:

  S + P +   Akk.-O.
  Rogas,   cur te visitem.
  Du fragst, warum ich dich besuche.

- als **Attribut**:

    S /   Attribut +   P/Adv.
    Agricola, qui bene serit, bene metet.
    Ein Bauer, der gut sät, wird gut ernten.

- als **Adverbiale**, z. B. als Adverbiale des Grundes:

    S +   O +   P +   Adverbiale
    Magister te laudat, quod multum didicisti.
    Der Lehrer lobt dich, weil du viel gelernt hast.

11.1 Indikativ oder Konjunktiv im Nebensatz

Das im Begriff Konjunktiv steckende Verbum zeigt schon seine Funktion: *coniungere* – „verbinden". Folgende Grundregel gilt für den Gebrauch der Modi im Nebensatz:

> Ist ein Nebensatz inhaltlich oder gedanklich eng mit dem Hauptsatz verbunden, steht er im Konjunktiv. Innerlich abhängige Nebensätze stehen immer im Konjunktiv.

Folgende zwei Beispielsätze sollen dies verdeutlichen:

Caesar ad flumen Rhenum ire constituit, quod in Alpibus originem habet.
Cäsar beschloss, an den Rhein zu rücken, der in den Alpen seinen Ursprung hat.

Hier hat die Tatsache, dass der Rhein in den Alpen entspringt (Nebensatz), nichts mit dem Beschluss Cäsars zu tun, an den Rhein zu rücken (Hauptsatz): Der Nebensatz steht im Indikativ.

Caesar exercitum Rhenum traiecit, ut Germanis terrorem inic*eret*.
Cäsar setzte sein Heer über den Rhein, um den Germanen einen Schrecken einzujagen.

Hier gibt der Nebensatz das Ziel Cäsars an: Er will den Germanen einen Schrecken einjagen. Da der Nebensatz also gedanklich und inhaltlich eng mit dem Hauptsatz verzahnt ist, steht er im Konjunktiv.

Grundsätzlich steht der Nebensatz im Konjunktiv, wenn er, wie hier, einen Gedanken des im Hauptsatz tätigen Subjekts ausdrückt. Dann ist der Nebensatz innerlich vom Hauptsatz abhängig, wie man sagt.

11.2 Der konjunktionale Nebensatz

Konjunktionale Nebensätze sind die in lateinischen Texten am häufigsten vorkommenden Nebensätze. Sie werden durch ein Bindewort, eine **Konjunktion**, mit dem Hauptsatz verbunden. Sie können alle möglichen Erklärungen zum Hauptsatz enthalten:

- **Temporalsätze** geben eine **Zeit** an. Sie sagen, wann die Handlung des Hauptsatzes stattfindet.
  Konjunktionen: als, nachdem, sobald, solange usw.
- **Finalsätze** drücken einen **Wunsch**, eine **Absicht** oder ein **Ziel** aus. Sie sagen, was jemand will oder welchem Zweck die Handlung des Hauptsatzes dient.
  Konjunktionen: dass, damit
- **Konsekutivsätze** geben die **Folge** einer Handlung an. Sie sagen, wozu die Handlung des Hauptsatzes führt.
  Konjunktion: sodass
- **Kausalsätze** nennen einen **Grund**. Sie sagen, weswegen die Handlung des Hauptsatzes erfolgt.
  Konjunktionen: weil, da
- **Konditionalsätze** nennen eine **Bedingung**. Sie sagen, unter welcher Voraussetzung die Handlung des Hauptsatzes möglich ist.
  Konjunktion: wenn
- **Konzessivsätze** geben eine **Einschränkung** zum Hauptsatz an. Sie sagen, dass die Handlung des Hauptsatzes abläuft, obwohl ihr etwas entgegensteht.
  Konjunktionen: obwohl, obgleich, auch wenn
- **Adversativsätze** nennen einen **Gegensatz**. Sie sagen, dass es eine zur **Handlung** des Hauptsatzes gegensätzliche Handlung gibt.
  Konjunktion: während
- **Modalsätze** geben die **Art und Weise** der Handlung an, sie sagen, wie *die* Handlung des Hauptsatzes geschieht.
  Konjunktion: indem
- **Faktische quod-Sätze** beschreiben eine **Tatsache**, sie sagen, was die **Handlung** des Hauptsatzes bestimmt.
  Konjunktion: (die Tatsache,) dass

Bevor die wichtigsten Einzelheiten zu den konjunktionalen Nebensätzen wiederholt werden, sollen alle wichtigen lateinischen Konjunktionen in einer Tabelle zusammengefasst werden. Sie enthält die jeweilige Konjunktion, gibt den Modus (Indikativ oder Konjunktiv) an, der bei dieser Konjunktion möglich ist, nennt die deutsche Bedeutung und schließt mit der durch die jeweilige Konjunktion eingeleiteten Nebensatzart. Teile der Tabelle sind jedem Schüler mit Sicherheit bekannt, das Ziel aber sollte sein, sie vollständig im Kopf zu haben: Wenn du sie vor jeder Klassenarbeit wiederholst und einmal zwischendurch, wirst du sie bald sicher beherrschen.

In der Tabelle gelten folgende Abkürzungen:

temp.:	temporaler Nebensatz	fin.:	finaler Nebensatz
kons.:	konsekutiver Nebensatz	kaus.:	kausaler Nebensatz
kond.:	konditionaler Nebensatz	konz.:	konzessiver Nebensatz
adv.:	adversativer Nebensatz	mod.:	modaler Nebensatz
fac.:	faktischer quod-Satz		

Konjunktionen

	Konjunktion	Modus	deutsche Bedeutung	Art des Nebensatzes
1.	cum	Konj.	als, nachdem	temp.
2.	cum	Ind.	jedes Mal, wenn	(temp.)[1]
3.	cum	Ind. (Perfekt)	als plötzlich	(temp.)[2]
4.	dum, quoad, quamdiu, donec	Ind.	solange als	temp.
5.	dum, quoad	Ind. oder Konj.	solange bis	temp.
6.	antequam, priusquam	Ind. oder Konj.	ehe, bevor	temp.
7.	postquam	Ind.	nachdem	temp.
8.	simul, simulatque, ut, ut primum, ubi, ubi primum	Ind.	sobald	temp.
9.	ut	Konj.	dass, damit	fin.
10.	ne	Konj.	dass, damit nicht	fin.
11.	ne (nach Verben des Hinderns u. Fürchtens)	Konj.	dass	fin.
12.	ut	Konj.	sodass	kons.
13.	ut non	Konj.	sodass nicht	kons.
14.	quod, quia	Ind.	weil, da	kaus.
15.	quoniam	Ind.	weil ja, da ja	kaus.
16.	cum	Konj.	weil, da	kaus.
17.	quippe cum	Konj.	weil ja	kaus.

18.	praesertim cum	Konj.	besonders weil	kaus.
19.	si	Ind. oder Konj.	wenn	kond.
20.	nisi	Ind. oder Konj.	wenn nicht	kond.
21.	quamquam	Ind.	obwohl, obgleich	konz.
22.	tametsi, etsi, etiamsi	Ind.	auch wenn	konz.
23.	cum	Konj.	obwohl, obgleich	konz.
24.	cum	Konj.	während dagegen	adv.
25.	cum	Ind.	indem	mod.
26.	quod	Ind.	dass	fac.

1 Die Grammatiker bezeichnen dieses *cum* als *cum iterativum*.
2 Die Grammatiker bezeichnen dieses *cum* als *cum inversum*.

Übung 67 Ordne folgende Konjunktionen mit angegebenem Modus und angegebener Bedeutung der jeweiligen Art des Nebensatzes zu, den sie einleiten. Benutze die Abkürzungen zur Bestimmung des Nebensatzes.

a) quamdiu + Ind. (solange als)   b) praesertim cum + Konj. (besonders weil)
c) nisi + Ind./Konj. (wenn nicht)   d) postquam + Ind. (nachdem)
e) quoad + Konj. (solange bis)   f) ut primum + Ind. (sobald)
g) ne + Konj. (damit nicht)   h) ut + Konj. (damit oder sodass)
i) quoniam + Ind. (weil ja)   j) ut non + Konj. (sodass nicht)

Nun noch ein paar Hinweise zur Konjunktion *cum*, welche die Tabelle durchschaubarer machen werden. Wir zitieren dabei die Ziffern der Tabelle:

Die vier verschiedenen Bedeutungen von cum + Konjunktiv

- Das **cum historicum** (1) gibt einen **Zeitpunkt** in der Vergangenheit an:
  Beispiel: Haec cum animadvertisset, Caesar centuriones vehementer incusavit.
  Als er dies erfahren hatte, hat Cäsar die Centurionen[1] heftig angefahren.
- Das **kausale cum** (16) gibt einen **Grund** an:
  Beispiel: Dionysius, cum in foro dicere non auderet, loqui ex turri alta solebat.
  Dionysius[2] pflegte, weil er auf dem Forum nicht zu sprechen wagte, von einem hohen Turm aus seine Ansprachen zu halten.

- Das **konzessive cum** (23) gibt eine **Einschränkung** an. Im Hauptsatz steht meist ein *tamen* – „trotzdem":

  Beispiel: Socrates cum facile posset educi e custodia, tamen noluit.
  Obwohl Sokrates leicht hätte aus dem Gefängnis entführt werden können, wollte er dennoch nicht.

- Das **adversative cum** (24) drückt einen **Gegensatz** aus:

  Beispiel: Cum ego laborarem, tu voluptatibus te tradidisti.
  Während ich arbeitete, hast du dich den Vergnügungen überlassen.

1 Ein Centurio ist der Führer einer Hundertschaft Soldaten.
2 Dionysius war der gefürchtete Tyrann von Syrakus (4. Jh. v. Chr.).

Neben dem konzessiven *cum* werden, wenn auch sehr selten, folgende Konjunktionen und Ausdrücke zur **Einleitung eines konzessiven Nebensatzes** verwendet, die alle mit dem Konjunktiv verbunden sind: *licet* – „angenommen, dass"; *ut* – „gesetzt den Fall, dass"; *ne* – „zugegeben, dass nicht"; *ut non* – „selbst in dem Fall, dass nicht"; *quamvis* – „wie sehr auch". Hier empfiehlt sich die immer gleiche Übersetzung mit „mag auch":

Licet me irrideat, si quis vult, plus apud me vera ratio valebit.
Mag mich auch verlachen, wenn jemand will, mehr wird bei mir die wahre Vernunft gelten.

Übung 68 Finde die passende deutsche Übersetzung für folgende Beispiele von cum-Sätzen mit Konjunktiv. Die Sinnrichtung des Nebensatzes ist jeweils angegeben.

a) cum causale: … cum me odisset.
b) cum historicum: … cum Caesar Galliam expugnaret.
c) cum adversativum: … cum ipse Romae maneret.
d) cum concessivum: … cum mulierem amavisset.
e) cum adversativum: … cum Hercules a deis ortus sit.
f) cum historicum: … cum Alexander mortuus esset.
h) cum concessivum: … cum vicisset.
h) cum causale: … cum multa disceret.

Satzlehre: Die Nebensatzarten

Die drei verschiedenen Bedeutungen von cum + Indikativ

- Das **cum iterativum** (2) gibt den Zeitpunkt (darum in der Tabelle temp.) einer wiederholten Handlung an (vgl. *iterum* – zum wiederholten Mal):
  Beispiel: Cum me visitabas, valde gaudebam.
  Jedes Mal, wenn du mich besuchtest, habe ich mich sehr gefreut.

- Das **cum inversum** (3) bezeichnet den Zeitpunkt (darum in der Tabelle temp.) eines plötzlich und überraschend eintretenden Ereignisses, das die Handlung des Hauptsatzes unterbricht.
  Beispiel: Convivae accubabant, cum nuntius irrupit.
  Die Gäste lagen zu Tische, als plötzlich der Bote hereinstürzte.

- Das **cum coincidens** oder **cum explicativum** (25) signalisiert die zeitliche und sachliche Übereinstimmung der Handlung des Hauptsatzes mit der Handlung des Nebensatzes. Einfacher: Es sagt, **wie** etwas geschieht (darum in der Tabelle mod.). Der Nebensatz steht immer im gleichen Tempus wie das Prädikat des Hauptsatzes:
  Beispiel: Cum tacent, oratorem contemnunt.
  Indem sie schweigen, drücken sie dem Redner ihre Verachtung aus.

Übung 69 Gib die passende deutsche Übersetzung für folgende Beispiele von cum-Sätzen mit Indikativ an. Die vorliegende Sinnrichtung des Nebensatzes ist jeweils angegeben.

a) cum coincidens: ... cum abeunt.
b) cum iterativum: ... cum abeunt.
c) cum inversum: ... cum nox facta est.
d) cum inversum: ... cum Caesarem gladiis perfoderunt.
e) cum coincidens: ... cum manibus plauserunt.
f) cum iterativum: ... cum Romam veniebant.

Übung 70 Nun folgt eine alle sieben Möglichkeiten von *cum* zusammenfassende Übung. Übersetze die Sätze und gib die jeweilige Sinnrichtung des cum-Satzes an (z. B. cum iterativum).

a) Cum Galli Romae appropinquarent, Romani se in Capitolium retulerunt.
b) Propinqui semper conveniunt, cum mortuus familiaris sepelitur.
c) Cum tacebant, senatores consentiebant.
d) Cum obscuritatem noctis timeret, dominus nocte servos secum habebat.
e) Ego otio me do, cum amicus labore vexetur.
f) Hannibal sub muris castra habebat, cum Romani e portis eruperunt.
g) Cum ab hostibus victi essent, imperator tamen virtutem militum laudavit.

11.2.1 Hinweise zum finalen Nebensatz

Aus dem **finalen ne** – „dass nicht" (10) wird nach **Verben des Hinderns und Fürchtens** ein *ne* – „dass" (11):

Ne me contemnat!
Er soll mich <u>nicht</u> verachten!

Eum exhortor, ne me contemnat.
Ich fordere ihn auf, <u>dass</u> er mich <u>nicht</u> verachtet.

Eum prohibeo, ne me contemnat.
Ich hindere ihn daran, <u>dass</u> er mich verachtet.

Timeo, ne me contemnat.
Ich fürchte, <u>dass</u> er mich verachtet.

Beim **finalen ut** steht gar nicht so selten statt *ut eo* + Komparativ ein *quo* (= *ut eo*) + Komparativ:

Caesar itineribus magnis in Galliam contendit, quo (= ut eo) celerius hostes incursare posset.
Cäsar marschierte eilig nach Gallien, damit er die Feinde umso schneller angreifen konnte.

Das **verneinte finale ut** (9) wird zu *ne* (10), das **konsekutive ut** (12) aber wird mit *ut non* (13) verneint.

Übung 71 Übersetze folgenden etwas verwirrenden, aber dennoch sinnvollen Satz.

Nonnulli alios, ne ipsi offendantur, prohibent, ne se offendant, offendentes, cum timeant, ne ab illis offendantur.

11.2.2 Der Konditionalsatz

Konditionalsätze können im **Realis**, im **Potentialis** (vgl. Kap. 8.3) und im **Irrealis** (vgl. Kap. 8.4) stehen:

Si volo, vinco.
Wenn ich will, siege ich (Realis).

Si velim, vincam.
Wenn ich wollte, könnte ich vielleicht siegen (Potentialis).

Se vellem, vincerem.
Wenn ich wollte, würde ich siegen (Irrealis der Gegenwart).

Satzlehre: Die Nebensatzarten

> Si voluissem, vicissem.
> *Wenn ich gewollt hätte, hätte ich gesiegt (Irrealis der Vergangenheit).*

Übung 72 Setze folgenden Satz in den Potentialis sowie in den Irrealis der Gegenwart und der Vergangenheit.

> Si me visitas, valde gaudeo.
> Wenn du mich besuchst, freue ich mich sehr.

Übung 73 Nun soll die Wiederholung der konjunktionalen Nebensätze mit einem Test abgeschlossen werden, der fehlerlos wahrscheinlich erst nach öfterer Wiederholung der Tabelle auf Seite 105 f. bearbeitet werden kann. Es dauert aber nicht lange, dann klappt es!

	Konjunktion	Modus	deutsche Bedeutung	Art des Nebensatzes
1.	cum			
2.	cum			
3.	cum			
4.	dum, quoad, quamdiu, donec			
5.	dum, quoad			
6.	antequam, priusquam			
7.	postquam			
8.	simul, simulatque, ut, ut primum, ubi, ubi primum			
9.	ut			
10.	ne			
11.	ne *(nach Verben des Hinderns u. Fürchtens)*			
12.	ut			
13.	ut non			
14.	quod, quia			

15.	quoniam			
16.	cum			
17.	quippe cum			
18.	praesertim cum			
19.	si			
20.	nisi			
21.	quamquam			
22.	tametsi, etsi, etiamsi			
23.	cum			
24.	cum			
25.	cum			
26.	quod			

11.2.3 Die Zeitenfolge in konjunktivischen Nebensätzen

Auch in konjunktivischen Nebensätzen hält sich das Lateinische bei der Zeitenfolge (Consecutio temporum) an strenge Regeln: Zwei Fragen müssen hier immer geklärt werden:
- Steht im **Hauptsatz Präsens oder Vergangenheit** (Imperfekt, Perfekt oder Plusquamperfekt)? Ein Futur im Hauptsatz wird wie Präsens behandelt.
- Ist die Handlung des Nebensatzes zur Handlung des Hauptsatzes **gleichzeitig oder vorzeitig**, ist also die Handlung des Nebensatzes schon vor der Handlung des Hauptsatzes abgelaufen?

Somit ergeben sich folgende Möglichkeiten:

	Hauptsatz	Ablauf NS / HS	Nebensatz
1.	Präsens	*gleichzeitig*	Konjunktiv Präsens
2.	Präsens	*vorzeitig*	Konjunktiv Perfekt
3.	Vergangenheit	*gleichzeitig*	Konjunktiv Imperfekt
4.	Vergangenheit	*vorzeitig*	Konjunktiv Plusquamperfekt

Die vier Möglichkeiten sollen an einem Beispiel durchgespielt werden:
1. Ratio nos iubet amicitias iungere, cum vita sine amicis metus plena sit.
   Die Vernunft befiehlt uns, Freundschaft zu schließen, da ein Leben ohne Freunde voller Furcht ist.
2. Ratio nos iubet amicitias iungere, cum vita sine amicis metus plena fuerit.
   Die Vernunft befiehlt uns, Freundschaft zu schließen, da ein Leben ohne Freunde voller Furcht gewesen ist.
3. Ratio nos iubebat amicitias iungere, cum vita sine amicis metus plena esset.
   Die Vernunft befahl uns, Freundschaft zu schließen, da ein Leben ohne Freunde voller Furcht war.
4. Ratio nos iubebat amicitias iungere, cum vita sine amicis metus plena fuisset.
   Die Vernunft befahl uns, Freundschaft zu schließen, da ein Leben ohne Freunde voller Furcht gewesen war.

Übung 74 Übersetze folgende Sätze, nachdem du das Zeitverhältnis des Nebensatzes zum Hauptsatz festgestellt hast.
a) Caesar cum Galliam expugnavisset, Romam revertit.
b) Cum me oderis, me vitas.
c) Consules videbant, ne quid detrimenti res publica caperet.
d) Cum ex itinere reverteris, me visita!
e) Impellimur natura, ne cui nocere velimus.
f) Aristides Atheniensis tam iustus erat, ut a civibus cognomine Iusto afficeretur.
g) Deos oraverat, ut sibi in inopia adessent.
h) Cum deos oravisset, ei in inopia aderant.

11.3 Der Relativsatz

Normalerweise steht der Relativsatz im Indikativ. Er tritt, wie alle Nebensätze, in den Konjunktiv, wenn er gedanklich und inhaltlich besonders eng mit dem Hauptsatz verbunden ist. Das ist vor allem dann der Fall, wenn er

- das **Ziel** der im Hauptsatz enthaltenen Handlung angibt, z. B.:

  Caesar legatos Romam misit, qui victoriam nuntiarent.
  Cäsar schickte Gesandte nach Rom, welche den Sieg melden sollten.

  Hier ersetzt der Relativsatz einen **finalen** ut-Satz:
  Caesar legatos Romam misit, ut victoriam nuntiarent.
  Cäsar schickte Gesandte nach Rom, damit sie den Sieg meldeten.

- die **Folge** der im Hauptsatz enthaltenen Handlung bezeichnet, z. B.:

  Quis est tam mente captus, qui deos esse neget.
  Wer ist so verrückt, der die Existenz von Göttern leugnete.

  Hier ersetzt der Relativsatz einen **konsekutiven** ut-Satz:
  Quis est tam mente captus, ut deos esse neget.
  Wer ist so verrückt, dass er die Existenz von Göttern leugnete.

  Das Sprachgefühl sagt, dass man den Relativsatz besser mit einem dass-Satz ins Deutsche bringt. Dies ist auch bei folgenden Ausdrücken der Fall, die ebenfalls stets den Konjunktiv im Relativsatz stehen haben:

  dignus, qui – *würdig, dass*
  idoneus, qui – *geeignet, dass*
  nihil est, quod – *es gibt keinen Grund, dass*

- den **Grund** für die im Hauptsatz enthaltene Handlung nennt, z. B.:

  Socrates, qui animo puerili esset, nihil de improbitate inimicorum suspicatus est.
  Sokrates, der von kindlichem Gemüt war, ahnte nichts von der Schlechtigkeit seiner Feinde.

  Hier ersetzt der Relativsatz einen **kausalen** cum-Satz:

  Socrates, cum animo puerili esset, nihil de improbitate inimicorum suspicatus est.
  Weil Sokrates von kindlichem Gemüt war, ahnte er nichts von der Schlechtigkeit seiner Feinde.

Übung 75 Verwandle im Folgenden die Relativsätze in konjunktionale Nebensätze (mit *cum* – weil, *ut* – damit, *ut* – sodass). Übersetze die veränderten Sätze.

a) Miltiades nuntium Athenas misit, qui victoriam Marathoniam ibi nuntiaret.
b) Cicero, qui philosophos Graecos valde diligeret, Athenis Academiam frequentabat.
c) Nemo tam fortis invenitur, qui pugnam contra Herculem non timeat.

Der Hercules Farnese.
Neapel, Museo Archeologico Nazionale

Der Gebrauch der Modi macht beim Relativsatz keine Schwierigkeiten. Komplizierter wird die Sache, wenn ein sogenannter **verschränkter Relativsatz** vorliegt. Dabei kann wieder die Verschränkung mit einem konjunktionalen Nebensatz von der noch schwierigeren Verschränkung mit einem AcI unterschieden werden.

11.3.1 Der mit einem konjunktionalen Nebensatz verschränkte Relativsatz

Hier verschmilzt ein Relativsatz mit einem konjunktionalen Nebensatz zu einer Einheit, die man im Deutschen nicht nachbilden kann. Im Deutschen müssen beide Nebensätze wieder voneinander getrennt werden:

Admiramur Alexandrum, qui si diutius vixisset, totum orbem terrarum subegisset.
Wir bewundern Alexander, der den ganzen Erdkreis unterworfen hätte, wenn er länger gelebt hätte.

Das Relativpronomen kann auch in einem anderen Kasus als dem Nominativ stehen:

Admiramur Alexandrum, cui si vita longior contigisset, totum orbem terrarum subegisset.
Wir bewundern Alexander, der den ganzen Erdkreis unterworfen hätte, wenn ihm ein längeres Leben zuteil geworden wäre.

Nun erscheint *cui* in der deutschen Übersetzung zweimal:

cui

der ..., wenn ihm ...

Das Relativpronomen steht im Deutschen im Nominativ, der Dativ hat sich auf das Personalpronomen im wenn-Satz übertragen.

11.3.2 Der mit einem AcI verschränkte Relativsatz

Im schon arg komplizierten, aber leider gar nicht so seltenen Fall des mit einem AcI verschränkten Relativsatzes muss sich der Relativsatz gewissermaßen nach zwei Seiten orientieren. Er bezieht sich einerseits auf das Bezugswort im übergeordneten Hauptsatz, er ist andererseits abhängig von einem Verbum, das den AcI regiert, steht also in einer Infinitivkonstruktion. Auch dafür gibt es im Deutschen natürlich keine direkte Entsprechung.

Für den folgenden Beispielsatz gibt es **drei Möglichkeiten** der Übersetzung:

Admiramur Ciceronem, quem maximum oratorem omnium temporum fuisse scimus.

- mit der **Parenthese** „– wie wir wissen –":

    Das Verbum, von dem der AcI abhängt, tritt zwischen zwei Gedankenstrichen neben den Satz.
    Wir bewundern Cicero, der – wie wir wissen – der größte Redner aller Zeiten war.

- mit dem Ausdruck **„von dem ..., dass"**:

    Wir bewundern Cicero, von dem wir wissen, dass er der größte Redner aller Zeiten war.

- mit **Präpositionalausdruck:**

    Das Verbum, von dem der AcI abhängt, wird zum Substantiv.
    Wir bewundern Cicero, der nach unserem Wissen der größte Redner aller Zeiten war.

Im lateinischen Beispielsatz ist das Relativpronomen im Akkusativ gleichzeitig das Subjekt des AcI (zum AcI vgl. S. 94 ff.). Das muss nicht so sein, wie der folgende, das Beispiel verändernde Satz zeigt:

Admiramur Ciceronem, cui nullum alium oratorem parem fuisse scimus.
Wir bewundern Cicero, dem – wie wir wissen – kein anderer Redner gewachsen war.

Jetzt ist *oratorem* Subjekt des AcI, mit dem der Relativsatz verschränkt ist.

Übung 76 Übersetze folgende Sätze, wobei du für den mit AcI verschränkten Relativsatz jeweils drei Übersetzungsmöglichkeiten wählst.
a) Diligimus homines, quos nobis utiles esse arbitramur.
b) Caesar lugebatur, cuius mortem immaturam esse omnes putabant.

11.3.3 Der relative Satzanschluss

Mit dem relativen Satzanschluss behandeln wir im Folgenden eine wichtige, aber keineswegs schwierige Ergänzung zu den Relativsätzen.

Helvetii continentur flumine Rheno, qui agrum eorum a Germania dividit.
Die Helvetier werden vom Rhein eingeschlossen, welcher ihr Land von den Germanen trennt.

Häufig wird ein Relativsatz, wie er in diesem Beispiel enthalten ist, im Lateinischen als Hauptsatz aufgefasst. Dann steht statt dem Komma ein Punkt und das Relativpronomen wird großgeschrieben. Es steht im sogenannten **relativen Satzanschluss:**

Helvetii continentur flumine Rheno. Qui agrum eorum a Germania dividit.
Die Helvetier werden vom Rhein eingeschlossen. Dieser trennt ihr Gebiet von den Germanen.

In diesem Fall ist das lateinische Relativpronomen im Deutschen also durch das Demonstrativpronomen „dieser" wiederzugeben.

11.4 Der indirekte Fragesatz

Die dritte Nebensatzart ist der indirekte Fragesatz.

Wird ein Fragesatz einem **Verbum des Sagens, Fragens oder Wissens** untergeordnet, liegt eine abhängige oder eine indirekte Frage vor.

Beispiel: Quis mundum fecit?
Wer hat die Welt geschaffen?

Quaerimus, quis mundum fecerit.
Wir fragen, wer die Welt geschaffen hat.

Da die indirekte Frage immer aus einem Gedanken des im übergeordneten Satz redenden, fragenden oder wissenden Subjekts besteht, ist sie grundsätzlich innerlich abhängig (vgl. S. 103) und steht damit im **Konjunktiv**.
Indirekte Satzfragen werden im Deutschen mit „ob" eingeleitet. Im Lateinischen haben wir dieselben Fragesignale wie in der direkten Frage, also *-ne, num, nonne, an* und *utrum … an*.

Beispiele: Quaerimus, factusne mundus sit a deo.
Wir fragen, ob die Welt von Gott geschaffen worden ist.

Quaerimus, num mundus a deo factus sit.
Wir fragen, ob die Welt von Gott geschaffen worden ist.

Quaerimus, factus mundus sit a deo an casu ortus sit.
Wir fragen, ob die Welt von Gott geschaffen worden ist oder ob sie durch Zufall entstanden ist.

Quaerimus, utrum mundus factus sit a deo an casu ortus sit.
Wir fragen, ob die Welt von Gott geschaffen worden ist oder ob sie durch Zufall entstanden ist.

Übung 77 Forme folgende direkte Fragen zu indirekten Fragen um, indem du sie von *(non) scio* – „ich weiß (nicht)" abhängig machst.

a) Qui rex Persarum pugnae ad Marathonem intererat? (Welcher Perserkönig nahm an der Schlacht von Marathon teil?)
b) Num hodie domi es? (Bist du heute etwa zu Hause?)
c) Quos philosophos Cicero maxime diligebat? (Welche Philosophen schätzte Cicero am meisten?)
d) Utrum Catullus poeta Lesbiam oderat an amabat? (Hat der Dichter Catull Lesbia gehasst oder geliebt?)
e) Quis te verbis malis tum offendit? (Wer hat dich damals mit bösen Worten beleidigt?)

Drei Besonderheiten der indirekten Satzfrage

- Nach **verneinten Ausdrücken des Wissens** leitet öfter **an (non)** in der Bedeutung „ob (nicht)" den indirekten Fragesatz ein.

    Beispiel: Haud scio, an (non) aliquis domum intraverit.
    Ich weiß nicht, ob (nicht) jemand das Haus betreten hat.

- Nach **verneinten Ausdrücken des Zweifelns** (Zweifeln ist ein Sich-Fragen) wird ein indirekter Fragesatz mit **quin** in der Bedeutung „dass" eingeleitet.

    Beispiel: Non dubitabam, quin mihi veniam dares.
    Ich zweifelte nicht daran, dass du mir verzeihen würdest.

- Nach **exspectare** (abwarten), **experiri**, **conari** und **temptare** (versuchen) wird ein indirekter Fragesatz mit **si** in der Bedeutung „ob" eingeleitet.

    Beispiel: Amici conabantur, si Socratem e carcere servare possent.
    Die Freunde versuchten, ob sie Sokrates aus dem Gefängnis retten könnten.

Übung 78 Übersetze folgende indirekte Fragesätze ins Deutsche.

a) Hostes circumventi conabantur, si fugere possent.
b) Haud scio, an divitiae pluris quam honores sint.
c) Quis dubitavit, quin Caesare mortuo res publica non iam servari posset.
d) Haud sciebant, an hostes diu defendere possent.
e) Dubium non erat, quin imbribus ingentibus agri mox inundarentur.
f) Femina magno desiderio capta exspectabat, si maritus tandem e bello rediret.

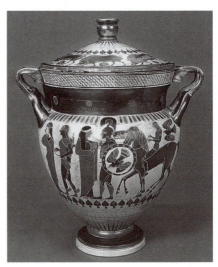

Ein bekanntes mythisches Beispiel für die Frau, die mit großer Sehnsucht auf die Rückkehr ihres Ehemannes aus der Schlacht hofft, ist Andromache, die Gattin des trojanischen Prinzen Hektor.
Das Vasenbild zeigt in der Mitte Hektors Abschied von Andromache, bevor er in den Kampf zieht. Beim Paar links daneben handelt es sich um Helena und Paris. Ganz rechts ist Hektors Wagenlenker Kebriones zu sehen. Um 540 v. Chr.
Würzburg, Martin von Wagner Museum

12 Die Oratio obliqua

Die zu Unrecht oft gefürchtete Oratio obliqua läuft nach vier Regeln ab:

- Nach den **Verben des Sagens** steht der **AcI**.
  Beispiel: Ariovistus ad postulata Caesaris respondit se prius in Galliam venisse quam populum Romanum.
  Ariovist antwortete auf die Forderungen Cäsars, er sei früher nach Gallien gekommen als das römische Volk.

- **Konjunktionale** und **relative Nebensätze** drücken immer Gedanken des Sprechers aus, sind also innerlich abhängig und stehen somit im **Konjunktiv**.
  Beispiel: Ariovistus ... respondit ..., quia a Gallis vocatus esset.
  Ariovist antwortete ..., weil er von den Galliern gerufen worden sei.

- **Fragen** stehen als **indirekte Fragesätze** ebenfalls im **Konjunktiv**.
  Beispiel: Ariovistus rogavit, quid vellet.
  Ariovist fragte, was er (Cäsar) wolle.

- **Befehle** und **Aufforderungen** stehen auch im **Konjunktiv**, da sie finale ut-Sätze vertreten. Dabei kann die Konjunktion auch wegfallen.
  Beispiel: Ariovistus Caesarem admonebat, ne se offenderet, (ut) e provincia sua cederet.
  Ariovist forderte Cäsar auf, er solle ihn nicht beleidigen, er solle aus seiner Provinz weichen.

Nun werden die Worte des gefährlichen Germanenfürsten Ariovist zu einer zusammenhängenden indirekten Rede aneinandergefügt. Man sollte dabei auf die Consecutio temporum achten. Da das übergeordnete Verbum *respondit* ein Präteritum ist, bedeuten alle Konjunktive im Imperfekt Gleichzeitigkeit (vgl. S. 111).

Ariovistus ad postulata Caesaris respondit: Se prius in Galliam venisse quam populum Romanum, quia a Gallis vocatus esset. Quid vellet. Ne se offenderet, e provincia sua cederet.
Ariovist antwortete auf die Forderungen Cäsars: Er sei eher nach Gallien gekommen als das römische Volk, weil er von den Galliern gerufen worden sei. Was er wolle. Er solle ihn nicht beleidigen, er solle aus seiner Provinz weichen.

Übung 79 Nun eine Aufgabe zur selbstständigen Bearbeitung einer Oratio obliqua. Übersetze.

Ariovistus ad Caesarem legatos misit: Velle se de iis rebus, quae inter eos agi coeptae neque perfectae essent, agere cum eo. Aut iterum colloquio diem constitueret aut, si id minus vellet, ex suis legatis aliquem ad se mitteret. Cur tot dies cunctaretur. Se ipsum omni tempore ad colloquendum paratum esse.

Übung 80 Die Situation in einer weiteren Übung zur Oratio obliqua, die du übersetzen sollst, ist die: Der Legat Galba, ein hoher Offizier Cäsars verteidigt unter Aufbietung der letzten Kräfte ein Lager gegen die Gallier:

Cum res esset iam ad extremum perducta casum, Publius Sextius Baculus centurio ad Galbam adcurrit atque docet: Unam esse spem salutis, si eruptione facta extremum auxilium experirentur.

Übung 81 Die folgende kurze Ansprache Galbas an die Soldaten ist von lauter Befehlen und Aufforderungen beherrscht. Übersetze sie.

Itaque Galba celeriter milites certiores facit: Paulisper interrumperent proelium ac tantummodo tela missa exciperent seque ex labore reficerent. Post dato signo ex castris erumperent atque omnem spem salutis in virtute ponerent.

Übung 82 Übersetze folgende Oratio obliqua. Die Situation ist folgende: Die Bellovaker, ein Cäsar feindlicher gallischer Stamm, bieten ihre Unterwerfung an und bitten um Schonung. Der Häduer Diviciacus, wie sein ganzer Stamm ein Freund Cäsars, verwendet sich für die Bellovaker:

Pro Bellovacis Diviciacus facit verba: Bellovacos omni tempore in fide atque amicitia civitatis Haeduorum fuisse. Impulsos ab suis principibus, qui dicerent Bellovacos a Caesare in servitutem redactum iri, populo Romano bellum intulisse. Hos principes, quod intellexissent, quantam calamitatem civitati intulissent, in Britanniam profugisse. Petere nunc non solum Bellovacos, sed etiam pro iis Haeduos et se Diviciacum: Caesar sua clementia ac mansuetudine in eos utatur. Quod si faciat, Bellovacos ei semper gratias acturos esse.

13 Die Satzanalyse

13.1 Modelle zur Periodenanordnung

Oft ist es gar nicht so einfach, die Struktur einer lateinischen Periode, eines umfangreicheren Satzgebildes, zu durchschauen. Da gilt es zunächst, eventuelle Nebensätze (oder Gliedsätze) vom Hauptsatz zu scheiden, was man sich am Modell klarer machen kann: HS steht für Hauptsatz, NS für Nebensatz. Der NS wird, da dem HS untergeordnet, nach unten versetzt geschrieben.
Ein paar Beispiele im Modell für mögliche **Periodenanordnungen:**

Noch relativ übersichtlich ist die Periode, wenn es sich um einen allein stehenden Hauptsatz (1.), eine Periode aus einem Haupt- und einem Nebensatz (2.) oder um eine Periode aus einem Haupt- und zwei gleichrangigen Nebensätzen handelt. Im letzteren Fall kann ein Nebensatz dem Hauptsatz vorausgehen und der andere dem Hauptsatz folgen (3.) oder beide stehen nach dem Hauptsatz (4.):

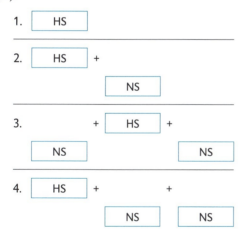

Komplizierter wird die Struktur, wenn der Nebensatz vom Hauptsatz umschlossen wird:

Ist ein Nebensatz nicht direkt dem Hauptsatz untergeordnet, sondern einem anderen Nebensatz, entstehen Unterordnungen verschiedenen Grades:

6. HS +

           NS +   1. Grades

                   NS   2. Grades

13.2 Die Analyse eines Einzelsatzes

Sind in einem ersten Schritt der Analyse Hauptsätze und Nebensätze eingegrenzt und voneinander geschieden worden, folgt als zweiter Schritt die Analyse des Einzelsatzes, des Haupt- oder Nebensatzes. Dabei ist zunächst das (für Hauptsatz und Nebensatz gleiche) Satzmodell (vgl. S. 67 ff.) mit seinen einzelnen jeweils vorliegenden Teilen zu identifizieren, z. B.:

S (+ O) (+ O) + P

Hier liegt die eigentliche Aussage des Satzes vor: Wir haben ein Prädikat, das Leerstellen für das Subjekt sowie ein oder mehrere Objekte öffnet. Zu diesem eigentlichen Satz können weitere den Satz ergänzende Aussagen hinzutreten, die es auszusondern gilt, um sie getrennt für sich betrachten zu können.

Zusätzliche Aussagen, die den einfachen Satz (Kernsatz) ergänzen und ein Verbum enthalten, welches das Handeln oder Leiden eines Gegenstandes beschreibt, können in folgender Form in einen lateinischen Satz eingebaut sein:
- als Accusativus cum Infinitivo (AcI),
- als Participium coniunctum (Part. coni.),
- als Ablativus absolutus (Abl. abs.).

Das einfache Satzmodell kann also folgendermaßen erweitert werden:

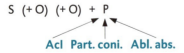

13.3 Die Satzanalyse eines Textes nach der „Kästchen-" und der „Einrückmethode"

Die Satzstruktur des folgenden Textbeispiels soll durch **Satzanalyse** klar werden:

> Quod ubi Caesar comperit, omnibus iis rebus confectis, quarum rerum causa traducere exercitum constituerat, ut Germanis metum iniceret, ut Sugambros ulcisceretur, ut Ubios obsidione liberaret, diebus omnino decem et octo trans Rhenum consumptis satis et ad laudem et ad utilitatem profectum arbitratus se in Galliam recepit pontemque rescidit.

Man trennt zunächst unter Verwendung der sogenannten **Einrückmethode** Hauptsatz und Nebensatz voneinander und stellt dabei zugleich das Abhängigkeitsverhältnis der einzelnen Nebensätze fest. Das geht so:

Bei jeder Satzgrenze zwischen Hauptsatz und Nebensatz oder Nebensatz und Nebensatz, die meist durch ein Komma gekennzeichnet ist, rutscht man beim Schreiben eine Zeile tiefer, wobei man gleichzeitig die jeweilige Unterordnung eines Satzes durch eine Verschiebung nach rechts kennzeichnet. Nur der Hauptsatz beginnt ganz am linken Rand:

>   Quod ubi Caesar comperit,
> omnibus iis rebus confectis,
>   quarum rerum causa traducere exercitum constituerat,
>   ut Germanis metum iniceret,
>   ut Sugambros ulcisceretur,
>   ut Ubios obsidione liberaret,
> diebus omnino decem et octo trans Rhenum consumptis satis et ad laudem et ad utilitatem profectum arbitratus se in Galliam recepit pontemque rescidit.

Das **Schema der Einrückmethode** sieht also folgendermaßen aus:

HS
    NS 1. Grades
        NS 2. Grades
            NS …

Nun soll die Satzstruktur unseres Textes noch durchsichtiger werden, indem die drei oben beschriebenen wichtigen Satzglieder (Kola; Singular: das Kolon) gekennzeichnet werden: der AcI, das Participium coniunctum, der Ablativus absolutus. Beachte: Diese Kola sind keine eigenen Sätze, sondern immer Glieder des Satzes, den sie erweitern.

Dabei machen wir eine Anleihe bei der sogenannten **Kästchenmethode**, welche die einzelnen Sätze durch Umrahmung mit Kästchen voneinander trennt. Folgende Symbole werden zur Kennzeichnung verwendet:

- ein Quadrat für den AcI: ❏
- ein gleichschenkliges Dreieck für das Participium coniunctum: △
- ein auf den Kopf gestelltes gleichschenkliges Dreieck für den Ablativus absolutus: ▽
- Die einzelnen Kola werden durch Klammern aus dem Text ausgegrenzt: ( )

Wendet man diese Symbole auf unseren Text an, ergibt sich folgendes Beispiel:

Quod ubi Caesar comperit,
(omnibus iis rebus confectis ▽),
    quarum rerum causa traducere exercitum constituerat,
        ut Germanis metum iniceret,
        ut Sugambros ulcisceretur,
        ut Ubios obsidione liberaret,
(diebus omnino decem et octo trans Rhenum, consumptis ▽)
(satis et ad laudem et ad utilitatem profectum ❏) (arbitratus △)
se in Galliam recepit pontemque rescidit.

Nachdem so die Struktur des Satzes klar geworden ist und eventuell unbekannte Wörter im Lexikon nachgeschlagen sind, dürfte die Übersetzung des Textes keine Schwierigkeiten mehr machen:

Als Cäsar dies erfuhr und all das durchgeführt hatte, weswegen er das Heer überzusetzen beschlossen hatte, nämlich den Germanen Schrecken einzujagen, an den Sugambrern Rache zu nehmen und die Ubier von ihrer Bedrängnis zu befreien, glaubte er, nach insgesamt 18 jenseits des Rheins verbrachten Tagen, genug zu Ruhm und Nutzen getan zu haben, marschierte nach Gallien zurück und ließ die Brücke wieder abbrechen.

Im folgenden Beispiel wird beides, die Scheidung von Haupt- und Nebensätzen durch die Einrückmethode und die Kennzeichnung der wichtigen Kola (AcI, Participium coniunctum, Ablativus absolutus) nach der Kästchenmethode verbunden. Zunächst der Text:

> Cum defensionum laboribus senatoriisque muneribus aut omnino aut magna ex parte essem aliquando liberatus, rettuli me, Brute, te hortante maxime ad ea studia, quae retenta animo, remissa temporibus, longo intervallo intermissa revocavi, et cum omnium artium, quae ad rectam vivendi viam pertinerent, ratio et disciplina studio sapientiae, quae philosophia dicitur, contineretur, hoc mihi Latinis litteris inlustrandum putavi.

Und nun die Satzanalyse:

>   Cum defensionum laboribus senatoriisque muneribus aut
>   omnino aut magna ex parte essem aliquando liberatus,
> rettuli me, Brute, (te hortante maxime ∇) ad ea studia,
>   quae (retenta animo, remissa temporibus, longo intervallo
>   intermissa ∆) revocavi,
> et
>   cum omnium artium,
>   quae ad rectam vivendi viam pertinerent,
>   ratio et disciplina studio sapientiae,
>   quae philosophia dicitur,
>   contineretur,
> (hoc mihi Latinis litteris inlustrandum ❏) putavi.

> *Nachdem ich von den Mühen der Verteidigung und senatorischen Aufgaben gänzlich oder zum großen Teil einmal befreit war, zog ich mich, Brutus, auf deine Mahnung besonders, zu jenen Studien zurück, die ich, nachdem sie im Herzen bewahrt, zeitweise aufgegeben, über einen langen Zeitraum unterbrochen waren, mir wieder vornahm, und da Geist und Aufbau aller Wissenschaften, die sich auf die rechte Art zu leben beziehen, in der Beschäftigung mit der Weisheit, die Philosophie heißt, enthalten sind, glaubte ich, dies müsse von mir in lateinischen Worten beleuchtet werden.*

Übung 83 — Analysiere folgenden lateinischen Text nach der von uns geübten Methode und übersetze ihn anschließend ins Deutsche.

Caesar, quod neque colloquium interposita causa tolli volebat neque salutem suam Gallorum equitatui committere audebat, commodissimum esse statuit omnibus equis Gallis equitibus detractis eo legionarios milites legionis decimae, cui maxime confidebat, imponere, ut praesidium quam amicissimum, si quid opus facto esset, haberet.

Übung 84 — Analysiere nach der von uns geübten Methode folgenden Text. Übersetze den Text anschließend ins Deutsche.

Ut enim fit in proelio, ut ignavus miles et timidus, simul ac viderit hostem, abiecto scuto fugiat, quantum possit, ob eamque causam pereat non numquam etiam integro corpore, cum ei, qui steterit, nihil tale evenerit, sic qui doloris speciem ferre non possunt, abiciunt se atque ita adflicti et exanimati iacent.

Übung 85 — Analysiere folgenden Text nur nach der Einrückmethode (ohne die Symbole der Kästchenmethode): Sie genügt sowohl zur logischen Durchdringung einer Satzperiode als auch für in Abituraufgaben geforderte Satzanalysen. Übersetze den Text anschließend ins Deutsche.

Atque iis etiam, qui vendunt, emunt, conducunt, locant contrahendisque negotiis implicantur, iustitia ad rem gerendam necessaria est, cuius tanta vis est, ut ne illi quidem, qui maleficio et scelere pascuntur, possint sine ulla particula iustitiae vivere.

Übung 86 — Analysiere folgenden Text nach der Einrückmethode und übersetze ihn dann ins Deutsche.

Atque etiam, si hoc natura praescribit, ut homo homini, quicumque sit, ob eam ipsam causam, quod is homo sit, consultum velit, necesse est secundum eandem naturam omnium utilitatem esse communem.

Lösungsvorschläge

Übung 1
a) mensam bonam — Akkusativ Singular
b) mensa bona — Nominativ Singular, Ablativ Singular
c) mensis bonis — Dativ Plural, Ablativ Plural
d) mensas bonas — Akkusativ Plural
e) mensae bonae — Genitiv Singular, Dativ Singular, Nominativ Plural
f) mensarum bonarum — Genitiv Plural

Übung 2
a) agri boni — Genitiv Singular, Nominativ Plural
b) puer bonus — Nominativ Singular
c) bella bona — Nominativ Plural, Akkusativ Plural
d) bellum bonum — Nominativ Singular, Akkusativ Singular
e) agrorum bonorum — Genitiv Plural
f) pueris bonis — Dativ Plural, Ablativ Plural
g) agrum bonum — Akkusativ Singular
h) bello bono — Dativ Singular, Ablativ Singular
i) ager bonus — Nominativ Singular
j) puerum bonum — Akkusativ Singular
k) agros bonos — Akkusativ Plural
l) dominus bonus — Nominativ Singular

Übung 3
a) hortus
b) equi
c) puero
d) deorum
e) agris
f) dominae
g) dona
h) theatro
i) mensam

Übung 4
a) bonarum — matrum
b) bonae — telluri (Dativ Singular)/telluris (Genitiv Singular)
c) pulchras — orationes
d) antiquis — hominibus
e) frugifera — in segete
f) severis — oratoribus
g) fido — custodi (Dativ Singular)/custode (Ablativ Singular)

h) bonam uxor**em**
i) praeclari consul**es** (Nominativ Plural)/consul**is** (Genitiv Singular)
j) mortuum mercator**em**
k) lata aequor**a**
l) cara soror**e**
m) album sal**em**
n) peritum duc**em**
o) meum patr**em**
p) calido sol**i** (Dativ Singular)/sol**e** (Ablativ Singular)
q) antiqui maior**es**
r) perito consul**i** (Dativ Singular)/consul**e** (Ablativ Singular)
s) pulchra carmin**a**
t) alto in litor**e**
u) pulchrarum imagin**um**
v) inimicis equit**ibus**
w) caram matr**em**
x) altos agger**es**
y) parvo ped**i** (Dativ Singular)/ped**e** (Ablativ Singular)
z) severorum iudic**um**

Übung 5
a) mari**a**, nav**es**
b) mar**e**, nav**em**
c) mar**i**, nav**e**
d) mar**ium**, nav**ium**
e) mar**e**, nav**is**
f) mar**is**, nav**is**
g) mari**a**, nav**es**
h) mar**ibus**, nav**ibus**

Übung 6
a) trabs, trabis/bon**a**
b) agger, aggeris/bon**us**
c) homo, hominis/bon**us**
d) orator, oratoris/bon**us**
e) sidus, sideris/bon**um**
f) aetas, aetatis/bon**a**
g) pes, pedis/bon**us**
h) arx, arcis/bon**a**
i) navis, navis/bon**a**
j) uxor, uxoris/bon**a**
k) dos, dotis/bon**a**
l) pons, pontis/bon**us**
m) tellus, telluris/bon**a**
n) princeps, principis/bon**us**
o) consul, consulis/bon**us**
p) mare, maris/bon**um**
q) carmen, carminis/bon**um**
r) ver, veris/bon**um**
s) arbor, arboris/bon**a**
t) finis, finis/bon**us**
u) eques, equitis/bon**us**
v) animal, animalis/bon**um**
w) oratio, orationis/bon**a**
x) custos, custodis/bon**us**
y) lex, legis/bon**a**
z) virtus, virtutis/bon**a**

Lösungsvorschläge 129

Übung 7 pars: Nominativ; a flumine: Ablativ; flumine: Ablativ; finibus: Ablativ (hier nicht Dativ); flumen (Rhenum): Akkusativ; ad septentriones: Akkusativ; ab … finibus: Ablativ; partem: Akkusativ; fluminis: Genitiv; in septentrionem: Akkusativ; solem: Akkusativ; flumine: Ablativ; ad … montes: Akkusativ; partem: Akkusativ; solis: Genitiv; inter … septentriones: Akkusativ.

Übung 8
a) Markus hatte große Ängste (metus: Akkusativ Plural).
b) Durch gute Beamte vermied Cato einen schlimmen Aufruhr (tumultum: Akkusativ Singular).
c) Die Miene des Großvaters war heute streng (vultus: Nominativ Singular).
d) Die Angriffe des gefährlichen Heeres hatten die Bewohner Roms gut abgewehrt (impetus: Akkusativ Plural; exercitus: Genitiv Singular).
e) Die Römer fürchteten die Vorherrschaft des Senats nicht (principatum: Akkusativ Singular, senatus: Genitiv Singular).
f) Die schlimmen Zufälle bereiteten dem Herrn große Sorgen (casus: Nominativ Plural).

Übung 9
a) domibus amplis
b) domus amplae
c) domus amplae
d) domui amplae
e) domorum amplarum
f) domum amplam
g) domibus amplis
h) domos amplas
i) domo ampla
j) domus ampla

Übung 10
a) bella: Nominativ oder Akkusativ Plural
b) agri: Genitiv Singular oder Nominativ Plural
c) rei: Genitiv Singular oder Dativ Singular
d) mensae: Genitiv Singular oder Dativ Singular oder Nominativ Plural
e) horto: Dativ Singular oder Ablativ Singular
f) ritum: Akkusativ Singular
g) mensa: Nominativ Singular oder Ablativ Singular
h) rituum: Genitiv Plural
i) pueris: Dativ Plural oder Ablativ Plural

Übung 11
a) hortus m
b) domus f
c) res f
d) bellum n
e) puer m
f) dies m
g) ager m
h) agricola m
i) ritus m
j) mensa f

Lösungsvorschläge

Übung 12
a) trabis f
b) aggeris m
c) hominis m
d) oratoris m
e) sideris n
f) aetatis f
g) pedis m
h) arcis f
i) navis f
j) uxoris f
k) dotis f
l) pontis m
m) telluris f
n) principis m
o) consulis m
p) carminis n
q) veris n
r) arboris f
s) finis m
t) equitis m
u) animalis n

Übung 13 Die Gliederung bezieht sich auf die Übung 12:
h) arcium
i) navium
l) pontium
s) finium
u) animalium

Übung 14
a) homo malus — homines mali
hominis mali — hominum malorum
homini malo — hominibus malis
hominem malum — homines malos
homine malo — hominibus malis

b) servus iners — servi inertes
servi inertis — servorum inertium
servo inerti — servis inertibus
servum inertem — servos inertes
servo inerti — servis inertibus

Übung 15 Die Übersetzung in Klammern steht immer im Nominativ.
a) donorum iucundorum (erfreuliche Geschenke)
b) mulieris pulchrae (schöne Frau)
c) negotio facili (Dativ oder Ablativ; leichtes Geschäft)
d) hominum malorum (böse Menschen)
e) domorum amplarum (geräumige Häuser)
f) rebus gravibus (Dativ oder Ablativ; schwerwiegende Dinge)
g) in ponte alto (hohe Brücke)
h) Romani omnes (alle Römer)
i) verba severa (Nominativ oder Akkusativ; strenge Worte)

j) in agro fertili (fruchtbarer Acker)
k) flumina lata (Nominativ oder Akkusativ; breite Flüsse)
l) rem necessariam (notwendige Sache)
m) lege iusta (gerechtes Gesetz)
n) carmine pulchro (schönes Gedicht)
o) in mari vasto (weites Meer)
p) telluris frugiferae (fruchtbare Erde)
q) cum hospite bono (guter Gast)
r) orationem claram (berühmte Rede)
s) piratas periculosos (gefährliche Piraten)
t) equo celeri (Dativ oder Ablativ; schnelles Pferd)
u) plantis salubribus (Dativ oder Ablativ; heilsame Pflanzen)
v) panem calidam (warmes Brot)
w) die festo (festlicher Tag)
x) animal magnum (Nominativ oder Akkusativ; großes Lebewesen)
y) inimici acres (hitzige Feinde)

Übung 16

Komparativ:
a) pluribus hominibus
b) virum pulchriorem
c) feminis pulchrioribus
d) equi celerioris
e) templa ampliora
f) vento asperiore
g) equitem audaciorem
h) sole acriore
i) fratris minoris
j) animal ferocius
k) muris altioribus
l) puerum miseriorem
m) villae antiquioris
n) templum antiquius
o) libros clariores
p) canum celeriorum
q) mores peiores

Superlativ:
plurimis hominibus
virum pulcherrimum
feminis pulcherrimis
equi celerrimi
templa amplissima
vento asperrimo
equitem audacissimum
sole acerrimo
fratris minimi
animal ferocissimum
muris altissimis
puerum miserrimum
villae antiquissimae
templum antiquissimum
libros clarissimos
canum celerrimorum
mores pessimos

Übung 17

a) Equus alte salit.
b) Femina fortis et prudentior est quam vir.
c) Femina fortiter et prudentius quam vir cogitat.

d) Marcus in proelio fort**ius** pugnabat quam adversarius.
e) Quintus celerrim**e** in urbem properavit.

Übung 18
a) Femina pulchr**a** est.
b) Femina pulchr**e** agit.
c) Miles fort**is** est.
d) Miles fort**iter** agit.
e) Servus celer**rimus** est.
f) Servus celer**rime** agit.
g) Scelestus **peior** est.
h) Scelestus **peius** agit.
i) Rex **optimus** est.
j) Rex **optime** agit.
k) Tyrannus crudel**is** est.
l) Tyrannus crudel**iter** agit.
m) Orator bon**us** est.
n) Orator **bene** agit.

Übung 19
a) 26 Kinder besuchen die Schule.
b) 225 Schiffe haben die Feinde angegriffen.
c) Rom ist im Jahre 753 v. Chr. gegründet worden.

Übung 20
a) amica **mea**
b) avum **tuum**
c) oppidorum **nostrorum**
d) amicis **vestris**
e) in villa **sua**
f) cum equo **tuo**
g) dominis **tuis**
h) cum avo **tuo**
i) ante villam **meam**
j) mensam **meam**
k) cum puero **suo**
l) inimicis **nostris**
m) dominae **vestrae**
n) in hortis **meis**
o) miseriam **vestram**
p) servorum **suorum**
q) filiae **vestrae**

Übung 21
a) **Quis** ante portam stat?
b) **Quid** vides?
c) **Cuius** equus ibi est?
d) **Cui** appropinquas?
e) **Quem** salutas?
f) **A quo** venis?

Übung 22
a) Iussu consulis, **qui** copias Corinthum misit, urbs expugnata est.
b) Iter, **quod** nonnullos dies durabat, pulchrum erat.
c) Agricola, **cuius** ager aratus non est, senex est.
d) Puellae, **quas** iuvabamus, callidae erant.
e) Amici, **quibuscum** semper ludimus, domi habitant.

Übung 23
a) **hi** viri
b) **huic** navi
c) **haec** templa
d) **huius** templi
e) **huic** feminae
f) **hos** viros
g) **hoc** animal
h) **harum** uxorum

i) **harum** avium
j) **horum** templorum
k) **his** feminis
l) **huius** feminae
m) **hunc** virum
n) **hoc** templum
o) **hic** usus
p) **haec** mater
q) **his** sermonibus
r) **hic** dux
s) **has** feminas
t) **huius** viri
u) **hanc** legem
v) **hoc** mari

Übung 24
a) Villam **meam** intro.
b) Tu villam **meam** intras.
c) **Me** vident.
d) **Vos** video.
e) Ignoratisne hortum **nostrum**.
f) **Mihi** nihil donas.
g) Verba **vestra mihi** nota sunt.
h) Verba **mea vobis** nota sunt.
i) Homo malus solum divitias **suas** amat.
j) **Nobis** pecuniam portatis.
k) **Vobis** pecuniam porto.
l) Ambulasne **mecum**.
m) Cuncta **nostra** miseris damus.

Übung 25
a) Amici de **se** narrant.
b) In horto **suo** ambulat.
c) Avus librum **sibi** optat.
d) Liberi **sibi** dona optant.

Übung 26
a) vir ips**e**
viri ips**ius**
viro ips**i**
virum ips**um**
viro ips**o**

b) dominae **eae**dem
dominarum **earun**dem
dominis **iis**dem
dominas **eas**dem
dominis **iis**dem

Übung 27
a) Paulus **ipse** domum suam nobis monstravit.
b) In **eadem** domo adhuc habitat.
c) **Iidem** viri rursus adsunt.
d) Alexander Darium regem **ipsum** (oder **ipse**, falls man das „selbst" auf Alexander bezieht) fugavit.
e) Amicum **eundem** bis prodidit.

Lösungsvorschläge

Übung 28
a) Gen. S.
b) Dat. Pl.; Abl. Pl.
c) Abl. S.
d) Dat. Pl.; Abl. Pl.
e) Akk. S.
f) Abl. S.
g) Akk. S.
h) Nom. S. (fem.)
i) Dat. S.
j) Abl. S.
k) Akk. Pl.
l) Dat. Pl.; Abl. Pl.
m) Akk. S.
n) Gen. Pl.

Übung 29
a) derselbe
b) jeder
c) irgendwer
d) ein gewisser
e) jeder
f) irgendwer
g) wer auch immer
h) jeder
i) irgendein
j) welcher auch immer
k) (er) selbst

Übung 30
a) laudavimus (wir haben gelobt)
b) laudati, -ae, -a erant (sie waren gelobt worden)
c) laudavero (ich werde gelobt haben)
d) cum monueris (als du gemahnt hast)
e) monitus esset (er wäre gemahnt worden)
f) cum laudati, -ae, -a sitis (als ihr gelobt worden seid)
g) monueratis (ihr hattet gemahnt)
h) monitus, -a, -um sum (ich bin gemahnt worden)
i) cum monuerit (als er gemahnt hat)
j) laudavisset (er hätte gelobt)
k) laudatus, -a, -um eris (du wirst gelobt worden sein)
l) monueris (du wirst gemahnt haben)
m) monuistis (ihr habt gemahnt)
n) laudaverant (sie hatten gelobt)

Übung 31
a) regam (ich möge leiten)
b) regeremur (wir würden geleitet)
c) rectus, -a, -um essem (ich wäre geleitet worden)
d) cum rexerimus (als wir geleitet haben)
e) regeretis (ihr würdet leiten)
f) rexisses (du hättest geleitet)
g) regamini (ihr möget geleitet werden)

Lösungsvorschläge ▎ 135

Übung 32
a) capitis
b) capiamini
c) capiebant
d) capientur
e) capiant
f) capient
g) capiam
h) capimini
i) capimus

Übung 33
a) audis (du hörst)
b) audiebantur (sie wurden gehört)
c) audivissem (ich hätte gehört)
d) auditus, -a, -um sum (ich bin gehört worden)
e) audiatis (ihr möget hören)
f) audiremini (ihr würdet gehört werden)
g) audivistis (ihr habt gehört)
h) audies (du wirst hören)
i) audivissem (ich hätte gehört)
j) audiremus (wir würden hören)
k) audiuntur (sie werden gehört)
l) auditi, -ae, -a erant (sie waren gehört worden)
m) audieris (du wirst gehört werden)
n) audiebaris (du wurdest gehört)

Übung 34
a) Plato philosophus, Athenis **vivens**, multos alios magistros philosophiae sapientia **superavit**.
b) Custodes latrones **deprehensos vinxerunt**.
c) Non omnia, quae magistri discipulos **docent**, ad vitam **retinent**.
d) Secundum leges rei publicae **vivere** Romanis summum bonum **erat**.
e) **Considite** iuxta magistrum et tum quieti **sedete**.
f) Magistri **optant**, ne officia vestra **neglegatis**, ut etiam sententias difficillimas **intellegatis**.
g) Aliquis **dixit** hominem quendam vos **relicturum esse**.
h) Illi homini, qui me **offenderat, respondi**: „Tu ipse quondam veniam meam **petere voles**".
i) Non omnia, quae **possitis**, facere debetis, non omnia, quae **cupitis**, **habere debetis**.
j) Cum canem acriorem **vidissem**, metu **completus** in villam **cucurri**. Sed amicus meus, qui fortior **erat** quam ego, **constitit**.
k) Fortasse discipuli scholam sapientiores **relinquent** quam eam **intraverunt**.
l) Cum Cimbri patriam **reliquissent**, ut Italiam **incursarent**, Romani terrore **inflammati** magnum exercitum **delegerunt**.
m) Saepe magna pericula homines timidos **faciunt** audaces et fortes.

n) Hodie homines saepe, quia multa **consumunt, consumentes nominantur**.
o) Vir quidam alicui **dicenti** : „Ego maior **sum** quam tu", **respondit:** „Non maior, sed longior solum **es**".
p) Saepe etiam ab hominibus nobis nomine solum notis **adiuvabimur**.
q) Amore liberorum multi parentes **admoventur**, ut maximos labores **subeant**.
r) Qui sestertium **spernit**, numquam divitissimus **erit**.
s) Nonnulli homines miseri nihil pulchri, nihil boni in hoc mundo **videre volunt**.
t) Nonne **ignoratis** hanc sententiam: „Humillimi quondam maximi **erunt**"?

Übung 35
a) amavissent: 3. P. Pl. Konj. Plusquamperfekt Aktiv
b) caperes: 2. P. S. Konj. Imperfekt Aktiv
c) cum monitus sis: 2. P. S. Konj. Perfekt Passiv
d) recti erunt: 3. P. Pl. Ind. Futur II Passiv
e) audiar: 1. P. S. Konj. Präsens Passiv **oder** 1. P. S. Ind. Futur I Passiv
f) capiam: 1. P. S. Konj. Präsens Aktiv **oder** 1. P. S. Ind. Futur I Aktiv
g) monebunt: 3. P. Pl. Ind. Futur I Aktiv
h) regeris: 2. P. S. Ind. Präsens Passiv **oder** 2. P. S. Ind. Futur I Passiv
i) regunt: 3. P. Pl. Ind. Präsens Aktiv
j) monebis: 2. P. S. Ind. Futur I Aktiv
k) regent: 3. P. Pl. Ind. Futur I Aktiv
l) audivisti: 2. P. S. Ind. Perfekt Aktiv
m) regant: 3. P. Pl. Konj. Präsens Aktiv
n) recti essent: 3. P. Pl. Konj. Plusquamperfekt Passiv
o) audiuntur: 3. P. Pl. Ind. Präsens Passiv
p) moneberis: 2. P. S. Ind. Futur I Passiv
q) audiantur: 3. P. Pl. Konj. Präsens Passiv
r) capiebam: 1. P. S. Ind. Imperfekt Aktiv
s) audientur: 3. P. Pl. Ind. Futur I Passiv
t) cum amaveritis: 2. P. Pl. Konj. Perfekt Aktiv
u) amemus: 1. P. Pl. Konj. Präsens Aktiv

Übung 36
1. Cogito, ergo sum.
2. Si patri meo pecunia esset, mihi equm donaret.
3. Si tacuisses, philosophus fuisses.
4. Loqui argentum est, tacere aurum est.
5. Etiam sine pecunia felix eris.

Lösungsvorschläge 137

Übung 37 a) potestis b) potuistis c) poterant
d) potuerant e) possitis f) potuerimus

Übung 38
a) ferris (du wirst getragen)
b) fer! (trag!)
c) lati essent (sie wären getragen worden)
d) latus es (du bist getragen worden)
e) ferebatis (ihr trugt)
f) feram (ich werde tragen)
g) tulisti (du hast getragen)
h) ferretur (er würde getragen)
i) fers (du trägst)
j) tulissem (ich hätte getragen)

Übung 39
1. Herostratus vir clarus fiebat, postquam templum Dianae Ephesi incendit.
2. Libenter dives fierem.
3. Post aestatem calidam hiems frigida fiet.
4. Domus mihi fieret, si vicinus eam mihi venderet.
5. Cicero orator maximus Romae fiebat.

Übung 40
a) Was du nicht erleiden willst, das darfst du auch anderen nicht antun.
Quod pati nolitis, id etiam aliis facere non debetis.

b) Verbreite (wörtlich: Wolle nicht verbreiten ...) kein falsches Gerücht über andere, damit du nicht selbst verleumdet wirst.
Nolite falsam famam de aliis dissipare, ne vobis ipsis maledicatur.

c) Jeder Mensch würde lieber arm und gesund sein als krank und reich.
Omnes homines mallent pauperes et sani esse quam aegri et divites.

Übung 41
a) eunt (sie gehen) b) eamus (lasst uns gehen)
c) ite (geht!) d) iret (er, sie, es würde gehen)
e) ibas (du gingst) f) ierat (er, sie, es war gegangen)
g) ibitis (ihr werdet gehen) h) iit (er, sie, es ist gegangen)
i) eo (ich gehe) j) ibo (ich werde gehen)
eam (ich möge gehen)

Übung 42
a) vis velle (du willst)
b) ferar ferri (ich werde ..., ich möge getragen werden)
c) es esse (du bist)

d) possent — posse (sie würden können)
e) fiunt — fieri (sie werden)
f) ibamus — ire (wir gingen)
g) non vultis — nolle (ihr wollt nicht)
h) sumus — esse (wir sind)
i) erunt — esse (sie werden sein)
j) ibo — ire (ich werde gehen)
k) malles — malle (du würdest lieber wollen)
l) ferebam — ferre (ich trug)
m) fiam — fieri (ich möge werden)
n) potest — posse (er kann)
o) imus — ire (wir gehen)
p) nolebatis — nolle (ihr konntet nicht)
q) eunt — ire (sie gehen)
r) fis — fieri (du wirst)
s) fert — ferre (er trägt)
t) essent — esse (sie würden sein)
u) poterunt — posse (sie werden können)
v) ferreris — ferri (du würdest getragen werden)
w) fite — fieri (werdet!)
x) velim — velle (ich möge wollen)
y) nolet — nolle (er wird nicht wollen)
x) erant — esse (sie waren)

Übung 43
a) amovere: entfernen
b) expellere: vertreiben
c) opponere: entgegenstellen (in op- steckt die Präposition ob – gegen)
d) edere: herausgeben
e) secernere: absondern
f) perlegere: durchlesen
g) repetere: wiederholen
h) destituere: im Stich lassen
i) praescribere: vorschreiben
j) arripere: an sich reißen
k) interdicere: untersagen
l) subicere: unterwerfen
m) antecedere: vorangehen, übertreffen
n) satisfacere: Genugtuung verschaffen
o) convenire: zusammenkommen, besuchen

Übung 44
a) laudemus
b) prodest
c) afueramus
d) dans
e) cantare poteritis
f) moneremur
g) laudati erunt
h) impletum
i) cubuistis
j) isses
k) adiutus ero
l) praestiterunt
m) amavisti
n) peribat
o) ero

Lösung: Mens sana in corpore sano!
Ein gesunder Geist wohnt in einem gesunden Körper!

Übung 45
a) S + P
Die Hunde bellen (wörtlich: „schreien").
b) S + O + P
Die Bürger genossen die Feiertage.
c) S + O + P
Die Bettler haben Mangel an allem (wörtlich: „entbehren alle Dinge").
d) O + S/P
Wir hatten Gäste erwartet (das Subjekt „wir" steckt im Prädikat).
e) S + O + P
Sklaven und Sklavinnen dienen ihren Herren.
f) (Adverb) O + S/P
Gestern habe ich die zwei Konsuln gesehen.
g) S + O + P
Die Götter sind der Notwendigkeit nicht unterworfen (wörtlich: „gehorchen nicht").
h) S + O + P
Der Feldherr hat sich der mächtigen Stadt bemächtigt.
i) S + O + P
Kühe nähren sich von Gras.
j) S + O + P
Der junge Mann sehnt sich nach seiner Freundin.
k) S + P
Die Gäste sind gekommen.

Übung 46
a) hostibus
b) imperatorem
c) officiorum
d) divitibus
e) parentes (Akk.)
f) copias

g) multis hominibus
h) pauperum
i) divitiis, sapientiae
j) stultis

Übung 47

a) **maiorum:** Genitivus possessivus. Die Römer folgten immer den Sitten ihrer Vorfahren.
b) **mortis:** Genitivus obiectivus. Aus Furcht vor dem Tod begehen manche Menschen sogar ein Verbrechen.
c) **magnarum cupiditatum:** Genitivus qualitatis. Sempronia, eine Frau von großen Leidenschaften, unterstützte die Verschwörung Catilinas.
d) **omnium:** Genitivus subiectivus. Durch die Übereinstimmung aller wird der Staat erhalten.
e) **hominum:** Genitivus partitivus. Eine große Anzahl von Menschen hielt Cäsar nicht für einen Tyrannen.
f) **temporis:** Genitivus partitivus. Der Beamte konnte nur wenig Zeit seiner Familie widmen.
g) **amicae:** Genitivus subiectivus. Der junge Mann hat die Liebe seiner Freundin leichtsinnig verschmäht.
h) **mortuorum:** Genitivus obiectivus. Durch die Erinnerung an die Toten wird deren Leben immer lebendig sein.

Übung 48

a) **commeatu:** Ablativus separationis. Cäsar war es gelungen, die Feinde von der Zufuhr abzuschneiden.
b) **magno clamore:** Ablativus instrumenti. Die Gallier haben die römischen Soldaten mit großem Geschrei erschreckt.
c) **nummis:** Ablativus instrumenti. Der Kaiser Mark Aurel hat sogar mit Geld (wörtlich: mit Münzen) Stämme der Germanen zu überreden versucht.
d) **timore:** Ablativus causae. Aus Furcht vor den Römern haben die Feinde nicht gewagt, einen Krieg zu erklären.
e) **modo:** Ablativus modi. Einige Menschen pflegen nach Art von Tieren zu leben.
f) **superioribus diebus:** Ablativus temporis. In den letzten Tagen habe ich meine Freundin Paula nicht gesehen.
g) **non amore, sed odio:** Ablativus causae. Nicht aus Liebe, sondern aus Hass hat der Mann beschlossen, in die Heimat zurückzukehren.
h) **lectica:** Ablativus instrumenti. Der Senator ließ sich mit der Sänfte ins Rathaus tragen.
i) **inopia:** Ablativus causae, **iniuria:** Ablativus separationis. Auch von Not bedrückt müssen sich die Menschen des Unrechts enthalten.

Lösungsvorschläge 141

Übung 49
a) Wir lernen nicht **fürs Leben**, sondern **für die Schule**.
b) Es ist für den Menschen **von Nutzen**, manchmal nicht an sich zu denken.
c) Der Feldherr kam seinem Legaten (Unterfeldherrn) **zu Hilfe**.
d) Der Mensch ist nicht **allein für sich** geboren.
e) Tugend gereicht einer Frau mehr **zur Ehre** als Schönheit.

Übung 50
a) Femina demissis capillis et ore rubro (Ablativi qualitatis) in triclinio (Adverbiale: Präpositionalausdruck) cubabat. Eine Frau mit gelösten Haaren (offenen Haaren) und rotem Mund lag auf dem Sofa.
b) Desiderium patriae (Genitivus obiectivus) Ciceronem absentem (Partizip als Attribut) semper (Adverb) vexabat. Sehnsucht nach der Heimat quälte Cicero während seiner Abwesenheit immer.
c) Non forma, sed moribus (Ablativi causae) feminae viris placeant.
Nicht aufgrund ihrer Schönheit, sondern aufgrund ihrer Sitten sollten Frauen den Männern gefallen.
d) Male (Adverb) dicit, qui odio (Ablativus causae) dicit.
Schlecht spricht, wer aus Hass spricht.
e) Pars Romanorum (Genitivus partitivus) Caesarem, pars Pompeium Magnum (adjektivisches Attribut als Beiname) consulem volebat. Ein Teil der Römer wollte Cäsar, ein Teil Pompejus den Großen zum Konsul.

Übung 51
a) Die Eltern schicken ihre Kinder in die Schule (wörtlich: „zu den Lehrern"), damit sie sich Weisheit erwerben (*… paratum sibi sapientiam*).
b) Die Zuschauer eilten ins Colosseum, um den neuen Elefanten zu bewundern (*… admiratum novum elephantum*).
c) Cäsar warf sich selbst unter die Soldaten, damit er die Feinde besiegte (*… hostes superatum*).
d) Der Bettler ging auf den Marktplatz, um Geld von mitleidigen Menschen zu erbitten (*… oratum pecuniam ab hominibus misericordibus*).
e) Der Arzt wurde gerufen, damit er den kranken Großvater heile (*… sanatum avum aegrotum*).

Übung 52
a) Homines nonnumquam bestiae fiunt. Menschen werden manchmal zu Tieren.
b) Augustus imperator non creabatur. Augustus wurde nicht zum Kaiser gewählt.
c) Filius ingeniosissimus putabatur. Der Sohn wurde für außergewöhnlich begabt gehalten.
d) Is non iam amicus meus videtur. Er erscheint nicht mehr als mein Freund.

Übung 53
a) **Utinam**, dixisses, unerfüllbarer Wunsch für die Vergangenheit: Dass du mir doch immer die Wahrheit gesagt hättest!
b) **Utinam**, ne mentitus esses, unerfüllbarer Wunsch für die Vergangenheit: Wenn du doch niemals gelogen hättest!
c) contingat, erfüllbarer Wunsch für die Gegenwart: Möge dir dein Leben gut gelingen!
d) **Utinam**, viveret, unerfüllbarer Wunsch für die Gegenwart: Wenn doch der Konsul nach der Schlacht noch am Leben wäre!
e) maneatis, erfüllbarer Wunsch für die Gegenwart: Möget ihr immer bei uns bleiben! Hoffentlich bleibt ihr immer bei uns!
f) **Utinam**, vicerit, erfüllbarer Wunsch für die Vergangenheit: Hoffentlich hat das römische Heer die Feinde besiegt!
g) Ne moriremur, unerfüllbarer Wunsch für die Gegenwart: Dass wir Menschen doch niemals sterben müssten!
h) **Utinam**, vicissent, unerfüllbarer Wunsch für die Vergangenheit: Wenn doch unsere Soldaten die Feinde besiegt hätten!
i) potuerit, erfüllbarer Wunsch für die Vergangenheit: Hoffentlich hat der Sohn mit seinem Vater vor seinem Tod noch sprechen können!
j) sitis, erfüllbarer Wunsch für die Gegenwart: Möget ihr immer zufrieden, immer glücklich sein!/Hoffentlich seid ihr immer zufrieden, immer glücklich!

Übung 54
a) **Ne dederis** veniam amicis in omnibus rebus!
b) **Ne veneritis** umquam in nostram domum (statt „immer" hier besser „niemals")!
c) **Ne parueritis** hic verbis maiorum!

Übung 55
a) Mit mehr Mut hätten wir unsere Gegner vielleicht besiegen können.
Maiore virtute adversarios fortasse vincamus (vicerimus).
b) Du hättest doch selbst sehen können, dass du nicht recht handelst.
Ipse videas (videris) te non recte facere.
c) Wie hätten wir dieser Gefahr entgehen sollen?
Quomodo id periculum effugamus (effugerimus)?
d) Hätte ich etwa meiner Gattin ewigen Reichtum versprechen sollen?
Num coniugi divitias sempiternas promittam (promiserim)?
e) Du hättest glauben können, schon besiegt zu sein.
Putes (putaveris) te iam victum esse.

Lösungsvorschläge 143

Übung 56 a) Wenn ich Geld hätte, würde ich dich gerne unterstützen.
Si pecuniam habuissem, te libenter adiuvissem.
b) Wenn Hannibal Rom besiegen würde, wäre er der Herr der Welt.
Si Hannibal Romanos vicisset, dominus mundi fuisset.
c) Wenn Cäsar die Heimat nicht vermissen würde, würde er in Sicherheit in Gallien bleiben.
Nisi Caesar patriam desideravisset, tutus in Gallia mansisset.
d) Das Leben wäre ohne Führung, wenn es keine Philosophen gäbe.
Vita sine ducibus fuisset, si philosophi non fuissent.
e) Ich wäre traurig, hätte ich keine Freunde.
Tristis fuissem, nisi amicos habuissem.

Übung 57 a) Wenn ich doch meine Eltern nie verlassen hätte.
Optativ: unerfüllbarer Wunsch für die Vergangenheit.
b) Deine Freunde mögen dich immer lieben, deine Feinde dich hassen. (Bei *odisse* haben die Perfektendungen Präsensbedeutung.) Optativ: erfüllbarer Wunsch für die Gegenwart; der Potentialis ergibt hier kaum einen Sinn.
c) Wenn ich dich gesehen hätte, hätte ich dich gescholten.
Irrealis der Vergangenheit.
d) Guten Göttern dürften nur gute Menschen gefallen.
Potentialis der Gegenwart; der Optativ ergibt hier kaum einen Sinn.
e) Wenn wir doch alle unsterblich wären.
Optativ: unerfüllbarer Wunsch für die Gegenwart.
f) Wenn ich nicht arbeiten würde, könnte ich nicht leben.
Irrealis der Gegenwart.
g) Wer hätte jenem Vatermörder wohl verzeihen wollen?
Potentialis der Vergangenheit.
h) Hoffentlich ist der Freund nach Rom gekommen, hoffentlich sehe ich ihn.
Optativ: erfüllbarer Wunsch für die Vergangenheit *(venerit)* und Gegenwart *(videam)*. Und/oder:
Der Freund könnte vielleicht nach Rom kommen, vielleicht sehe ich ihn.
Potentialis der Gegenwart.

Übung 58 a) Agricolae etiam ager malus colendus est.
b) Romanis res publica aliter instituenda fuisset.
c) Militibus potiendum est urbe inimica.
d) Homines pauperiores tibi despiciendi non sunt.
e) Pro cena nobis multi cibi emendi sunt.
f) Discipuli magistro non semper vituperandi sunt.

g) Iniuriae acceptae (Genitiv!) tibi mox obliviscendum est.
h) Verba philosophorum nobis sequenda sunt.

Übung 59
a) agentem
b) expulsum
c) illaturo
d) adiutus
e) visurorum
f) invidentibus

Übung 60
a) Als die Olympischen Spiele begannen, strömten viele Menschen in Olympia zusammen. Cum ludi Olympiaci inirent ...
b) Cicero hat, nachdem das Volk zusammengerufen worden war, eine sehr gute Rede gehalten. ... cum populus convocatus esset ...
c) Nach Abschluss eines Bündnisses zwischen den Feinden herrschte langer Friede. Cum foedus inter hostes coniunctum esset ...
d) Als die jungen Männer in Olympia um den Sieg stritten, nahm auch der Kaiser Nero an den Spielen teil. Cum adulescentes Olympiae de victoria certarent ...
e) Weil die Stadt durch einen schrecklichen Sturm zerstört worden war, sind viele Menschen in Armut und Not gestürzt worden. Cum urbs tempestate atrocissima deleta esset, ...
f) Unter der Regierung des Augustus hat der Dichter Horaz seine Gedichte geschrieben. ... cum Augustus regnaret.

Übung 61
a) Cäsar kehrte nach Rom zurück, nachdem er Gallien erobert hatte.
b) Cäsar, der Gallien erobert hatte, kehrte nach Rom zurück.
c) Cäsar kehrte nach der Eroberung Galliens nach Rom zurück.
d) Cäsar eroberte Gallien und kehrte nach Rom zurück.

Übung 62
a) Alexander (exploratis regionibus) omnes copias castris educit.
Alexander führt, nachdem er die Umgebung erkundet hat, alle Truppen aus dem Lager heraus.
b) Tarquinius Superbus Ardeam oppugnans imperium perdidit.
Tarquinius Superbus verlor durch die Belagerung von Ardea seine Herrschaft.
c) Caesar Alexandria potitus regnum Cleopatrae dedit.
Nachdem Cäsar sich Alexandrias bemächtigt hatte, gab er die Königsherrschaft an Kleopatra.
d) Athenienses Alcibiadem a rege Persarum corruptum arguebant.
Die Athener stellten Alkibiades, der vom Perserkönig bestochen war, vor Gericht.

Lösungsvorschläge 145

e) C. Flaminius Caelius (religione neglecta) apud Trasumenum cecidit.
C. Flaminius Caelius fiel, weil er die Religion vernachlässigt hatte, am Trasimenischen See.

f) Mendaci <u>homini</u> ne verum quidem <u>dicenti</u> credere solemus.
Einem Lügner pflegen wir nicht zu glauben, selbst wenn er die Wahrheit spricht.

g) <u>Tribunus</u> militum milites in propinquum collem recepit se loci praesidio <u>defensurus</u>.
Der Militärtribun zog die Soldaten auf den nahe gelegenen Hügel zurück, um sich unter dem Schutz des Platzes zu verteidigen.

h) Non loquar (pace non facta).
Ich werde nicht sprechen, bevor nicht der Friede geschlossen ist./Ich werde sprechen, nachdem der Friede geschlossen ist.

Übung 63 Scimus …
a) … nos homines mortales esse.
b) … Caesarem Galliam expugnavisse.
c) … multas terras a Romanis imperatas esse.
d) … cras amicos venturos esse.
e) … liberos semper a parentibus amatum iri.
f) … homines timidos saepe a canibus morderi.
g) … Lucretiam se ipsam necavisse.

Übung 64
a) Lucretia se ipsam necavisse traditur. Lukretia soll sich selbst getötet haben.
b) Roma a Romulo condita esse traditur. Rom soll von Romulus gegründet worden sein.
c) Antonius Cleopatram in matrimonium duxisse traditur. Antonius soll Kleopatra geheiratet haben.
d) Homerus Vergilium poetam docere traditur. Homer soll der Lehrer des Dichters Vergil gewesen sein.
e) Romani a Graecis septem artes liberales didicisse traduntur. Die Römer sollen von den Griechen die sieben freien Künste übernommen haben.

Übung 65
a) Liebt er/sie mich? Antwort unentschieden: Ja oder nein.
b) Liebt er/sie mich denn nicht? Antwort: Doch, ja freilich!
c) Liebt er/sie mich etwa? Antwort: Nein, bestimmt nicht!

Übung 66
1. Quem Caesar in pugna ad Pharsalum facta vicit?
2. Num Pompeius Caesarem vicit?

3. Nonne Caesar Pompeium vicit?
4. (Utrum) Caesar Pompeium an Pompeius Caesarem vicit?
5. (Utrum) Caesar Pompeium vicit annon (necne)?
6. Quomodo Pompeius Caesarem vinceret?

Übung 67
a) temp. b) kaus.
c) kond. d) temp.
e) temp. f) temp.
g) fin.   h) fin. oder kons.
i) kaus. j) kons.

Übung 68
a) … weil er mich hasste (*odisse* hat Präsensbedeutung, *odisset* entspricht damit dem Imperfekt).
b) … als Cäsar Gallien eroberte.
c) … während er selbst in Rom blieb.
d) … obwohl er die Frau geliebt hatte.
e) … während Herkules von den Göttern abstammte.
f) … als Alexander gestorben war.
g) … obwohl er gesiegt hatte.
h) … weil er viel lernte.

Übung 69
a) … indem sie weggehen.
b) … jedes Mal, wenn sie weggehen.
c) … als es plötzlich Nacht wurde.
d) … als sie plötzlich Cäsar mit ihren Schwertern durchbohrten.
e) … indem sie in die Hände klatschten.
f) … jedes Mal, wenn sie nach Rom kamen.

Übung 70
a) Als sich die Gallier Rom näherten, zogen sich die Römer auf das Kapitol zurück (cum historicum).
b) Die Verwandten kommen immer zusammen, wenn ein totes Familienmitglied bestattet wird (cum iterativum).
c) Indem sie schwiegen, stimmten die Senatoren zu (cum coincidens).
d) Weil er sich in der Dunkelheit der Nacht fürchtete, hatte der Herr nachts immer Sklaven bei sich (cum causale).
e) Ich gebe mich der Ruhe hin, während mein Freund von der Arbeit geplagt wird (cum adversativum).

f) Hannibal lagerte am Fuß der Mauern, als die Römer plötzlich aus den Toren hervorbrachen (cum inversum).
g) Obwohl sie von den Feinden besiegt worden waren, hat der Feldherr trotzdem die Tapferkeit seiner Soldaten gelobt (cum concessivum).

Übung 71 Manche Menschen hindern, um selbst nicht beleidigt zu werden, andere, sie zu beleidigen, indem sie beleidigen, weil sie fürchten, dass sie von ihnen beleidigt werden.

Übung 72
– Potentialis: Si me visites, valde gaudeam.
  Wenn du mich besuchen könntest, dürfte ich mich sehr freuen.
– Irrealis der Gegenwart: Si me visitares, valde gauderem.
  Wenn du mich besuchen würdest, würde ich mich sehr freuen.
– Irrealis der Vergangenheit: Si me visitavisses, valde gavisus essem.
  Wenn du mich besucht hättest, hätte ich mich sehr gefreut (*gaudere* ist ein Semideponens: *gaudere, gaudeo, gavisus sum*).

Übung 73

	Konjunktion	Modus	deutsche Bedeutung	Art des Nebensatzes
1.	cum	Konj.	als, nachdem	temp.
2.	cum	Ind.	jedes Mal, wenn	(temp.), cum iterativum
3.	cum	Ind. (Perfekt)	als plötzlich	(temp.), cum inversum
4.	dum, quoad, quamdiu, donec	Ind.	solange als	temp.
5.	dum, quoad	Ind. oder Konj.	solange bis	temp.
6.	antequam, priusquam	Ind. oder Konj.	ehe, bevor	temp.
7.	postquam	Ind.	nachdem	temp.
8.	simul, simulatque, ut, ut primum, ubi, ubi primum	Ind.	sobald	temp.
9.	ut	Konj.	dass, damit	fin.
10.	ne	Konj.	dass, damit nicht	fin.
11.	ne (*nach Verben des Hinderns u. Fürchtens*)	Konj.	dass	fin.
12.	ut	Konj.	sodass	kons.

13.	ut non	Konj.	*sodass nicht*	kons.
14.	quod, quia	Ind.	*weil, da*	kaus.
15.	quoniam	Ind.	*weil ja, da ja*	kaus.
16.	cum	Konj.	*weil, da*	kaus.
17.	quippe cum	Konj.	*weil ja*	kaus.
18.	praesertim cum	Konj.	*besonders weil*	kaus.
19.	si	Ind. oder Konj.	*wenn*	kond.
20.	nisi	Ind. oder Konj.	*wenn nicht*	kond.
21.	quamquam	Ind.	*obwohl, obgleich*	konz.
22.	tametsi, etsi, etiamsi	Ind.	*auch wenn*	konz.
23.	cum	Konj.	*obwohl, obgleich*	konz.
24.	cum	Konj.	*während dagegen*	adv.
25.	cum	Ind.	*indem*	mod.
26.	quod	Ind.	*dass*	fac.

Übung 74 a) vorzeitig: Als Cäsar Gallien erobert hatte, ist er nach Rom zurückgekehrt.
b) gleichzeitig: Weil du mich hasst, meidest du mich.
c) gleichzeitig: Die Konsuln schauten, dass der Staat keinen Schaden erleide.
d) vorzeitig: Sobald du von der Reise zurückgekehrt bist, besuche mich!
e) gleichzeitig: Wir werden von der Natur dazu angetrieben, dass wir niemandem (wörtlich: „nicht jemandem") schaden wollen.
f) gleichzeitig: Der Athener Aristides war so gerecht, dass er von seinen Mitbürgern den Beinamen „der Gerechte" erhielt.
g) gleichzeitig: Er hatte die Götter gebeten, dass sie ihm in der Not beistehen.
h) vorzeitig: Nachdem er die Götter gebeten hatte, standen sie ihm in der Not bei.

Übung 75 a) …, ut victoriam Marathoniam ibi nuntiaret. Miltiades schickte einen Boten nach Athen, damit er den Sieg von Marathon dort melde.
b) …, cum philosophos Graecos valde diligeret. Cicero besuchte in Athen die Akademie (Platos), weil er die griechischen Philosophen sehr schätzte.
c) …, ut pugnam contra Herculem non timeat. Niemand erweist sich als so tapfer, dass er den Kampf gegen Herkules nicht fürchten würde.

Übung 76 a) Wir schätzen Menschen, die uns – wie wir glauben – nützlich sind.
Wir schätzen Menschen, von denen wir glauben, dass sie uns nützlich sind.
Wir schätzen Menschen, die uns nach unserer Meinung nützlich sind.

b) Cäsar wurde betrauert, dessen Tod – wie alle meinten – zu früh war.
Cäsar wurde betrauert, von dessen Tod alle meinten, dass er zu früh sei.
Cäsar wurde betrauert, dessen Tod nach der Meinung aller zu früh war.

Übung 77
a) Scio, qui rex ... interfuerit.
b) Non scio, num ... sis.
c) Scio, quos philosophos ... dilexerit.
d) Non scio, utrum Catullus ... odisset (!) an amaverit (*odisse* mit Präsensbedeutung).
e) Non scio, quis te ... offenderit.

Übung 78
a) Die umzingelten Feinde versuchten, ob sie fliehen könnten.
b) Ich weiß nicht, ob Reichtum mehr wert ist als Ehre.
c) Wer hat bezweifelt, dass nach dem Tod Cäsars die Republik nicht mehr erhalten werden konnte.
d) Sie wussten nicht, ob sie die Feinde lange abwehren könnten.
e) Es bestand kein Zeifel, dass durch die gewaltigen Regenfälle die Äcker bald überflutet würden.
f) Die Frau, von großer Sehnsucht ergriffen, wartete, ob ihr Mann endlich aus dem Krieg zurückkehren würde.

Übung 79
Ariovist schickte zu Cäsar Gesandte: Er wolle über die Dinge, deren Behandlung zwischen ihnen begonnen habe und nicht abgeschlossen worden sei, mit ihm verhandeln. Er (Cäsar) solle entweder erneut einen Tag für die Unterredung bestimmen oder, wenn er das weniger wolle, einen von seinen Gesandten zu ihm schicken. Warum er so viele Tage zögere. Er selbst sei zu jeder Zeit zu einem Gespräch bereit.

Übung 80
Als die Sache schon äußerst schlecht stand („an den letzten Punkt geführt war"), läuft der Zenturio Publius Sextius Baculus zu Galba und meint („belehrt ihn"): Es gebe nur noch eine einzige Hoffnung auf Rettung, wenn sie nach einem Ausbruch (aus dem Lager) das letzte Hilfsmittel versuchten.

Übung 81
Deshalb unterrichtet Galba die Soldaten schnell (von seinem Plan): Sie sollten den Kampf eine Weile unterbrechen, nur die feindlichen Geschosse („die geschickten Wurfspeere") abwehren („aufnehmen", z. B. mit den Schilden) und sich von der Mühe erholen. Danach sollten sie auf ein gegebenes Zeichen hin aus dem Lager ausbrechen und alle Hoffnung auf Rettung in ihre Tapferkeit setzen.

Übung 82 Für die Bellovaker verwendet sich Diviciacus: Die Bellovaker seien immer in Treue und Freundschaft zum Volk der Häduer gestanden. Verleitet von ihren Führern, die sagten, die Bellovaker würden von Cäsar versklavt werden, hätten sie dem römischen Volk den Krieg erklärt. Diese Führer seien, weil sie eingesehen hätten, welchen Schaden sie ihrem Volk zugefügt hätten, nach Britannien geflohen. Jetzt würden nicht nur die Bellovaker, sondern auch die Häduer und er, Diviciacus, für sie bitten: Cäsar solle seine (bekannte) Milde und Großzügigkeit gegen sie walten lassen. Wenn er das tue, würden es ihm die Bellovaker immer danken.

Übung 83 In der ersten Übung zur Satzanalyse sollen alle wichtigen Schritte, die zur deutschen Übersetzung führen, ausführlich bewusst gemacht werden, bevor die von dir geforderte Satzanalyse folgt. Die Einsicht in den Denkprozess, den ein lateinischer Satz ausgelöst hat, wird „das Knacken" eines anderen unbekannten Textes wiederum ein wenig erleichtern.
Bei der Übersetzung der Periode fällt auf, dass die angewandte Analysemethode nur die Hauptlinien der Satzstruktur offenlegt. Bis zur endgültigen Übersetzung müssen noch **viele weitere Sprachsignale richtig gedeutet** werden.

Es sei vorausgeschickt, dass Cäsar sich auf eine Unterredung mit dem feindlichen Germanenfürsten Ariovist vorbereitet, die auf Wunsch Ariovists zu Pferde stattfinden soll. Der **Gesamtzusammenhang**, in dem ein Text steht, ist für seine Deutung immer besonders wichtig.

Am Anfang der Periode steht als **Subjekt** Cäsar.

Bevor wir hören, was Cäsar vorhat oder tut (Prädikat des Hauptsatzes), fällt uns gleich der **kausale Nebensatz** am Anfang ins Auge:
 quod neque ... volebat neque ... audebat
der eine Begründung für Cäsars Handeln vorausschickt. Was Cäsar wollte *(volebat)*, wird im **AcI** ausgedrückt:
 neque colloquium ... tolli
 „dass die Unterredung nicht aufgehoben",
verhindert werde. Ein möglicher Verhinderungsgrund ist in einem **Ablativus absolutus** in den AcI eingeschoben:
 interposita causa
 „indem ein – wohl von Cäsar geäußerter – Grund dazwischengestellt",
vorgebracht würde, ein Vorwand also. Was Cäsar nicht wagte *(audebat)*, steht in einer bloßen **Infinitivkonstruktion:**

> *salutem suam Gallorum equitatui committere*
> „sein Heil der Reiterei der Gallier anzuvertrauen".

Nun wissen wir zwei Dinge: Cäsar will die Unterredung mit Ariovist nicht scheitern lassen, misstraut aber der aus Galliern bestehenden Reiterei. Was tut er also? Nun sind wir beim **Prädikat des Hauptsatzes**, gleichsam dem Kern der Periode:
> *statuit*
> „er kam zum Entschluss".

Der Inhalt des Entschlusses wird im **AcI** wiedergegeben:
> *commodissimum esse*
> „dass es am vorteilhaftesten sei",

das Beste sei. Was Cäsar für das Beste hält, wird wieder in einer **Infinitivkonstruktion** angeschlossen:
> *eo legionarios milites legionis decimae ... imponere*
> „dorthin die Legionssoldaten der zehnten Legion zu setzen".

Dieser Plan Cäsars wird erst durch die Auflösung des vorgeschalteten **Ablativus absolutus** klar:
> *omnibus equis Gallis equitibus detractis*
> „nachdem von allen Pferden die gallischen Reiter heruntergenommen worden sind".

Cäsar will also die Gallier von den Pferden nehmen, seine römischen Legionäre darauf *(eo)* setzen, die Gallier durch Römer ersetzen.

Die Rolle der zehnten Legion wird durch einen direkt an sie angebundenen **Relativsatz** näher beschrieben:
> *cui maxime confidebat*
> „welcher er am meisten vertraute".

Nun ist der Plan Cäsars klar: Er will die Unterredung mit Ariovist nicht scheitern lassen, einen eventuellen Hinderungsgrund, die unzuverlässige gallische Reiterei, beseitigt er, indem er sie durch römische Reiter ersetzt. Sinn und Ziel dieses Austausches wird in dem folgenden **finalen ut-Satz** nochmals deutlich formuliert:
> *ut praesidium quam amicissimum ... haberet*
> „damit er eine möglichst vertraute, ihm besonders gewogene *(amicissimum)* Schutzmannschaft bei sich habe".

„Für den Fall, dass ...", denkt man gleichsam automatisch hinzu. Cäsar bringt diese Einschränkung in dem vom Finalsatz umschlossenen **Konditionalsatz:**
> *si quid opus facto esset*

Dieser kurze Satz ist nicht ganz leicht zu entschlüsseln. Wir müssen uns an den Ausdruck erinnern:
opus est aliqua re
„etwas ist nötig".

Die benötigte Sache steht also im **Ablativ**, hier:
facto

Nun muss noch erkannt werden, dass nach *si*
quid

statt *aliquid* steht, das sich wohl auf *opus* beziehen muss: „wenn irgendein Bedürfnis nach einer Tat bestehe"; im Klartext: wenn es irgendwie eines Eingreifens (seitens der Reiterei) bedürfe.

Ganz deutlich wird bei einer solchen Durchdringung des lateinischen Textes, dass sich die **grammatikalisch-syntaktische Aufschlüsselung** mit der **Aufdeckung des Sinnes** vereint. Beides ergänzt sich: Die Syntax führt zum Sinn, der schrittweise aufgedeckte Sinn des Textes wiederum erleichtert die Deutung der grammatikalisch-syntaktischen Signale. Eines darf freilich nie passieren: Dass man Signale aufgrund einer vorgefassten Meinung vom Textinhalt falsch liest, z. B. eine Akkusativendung für eine Genitivendung hält oder Ähnliches.

Hier die vollständige Satzanalyse nach der Einrück- bzw. Kästchenmethode:

Caesar,
    quod neque (colloquium (interposita causa ∇) tolli ❏) volebat neque
    salutem suam Gallorum equitatui committere audebat,
(commodissimum esse ❏) statuit (omnibus equis Gallis equitibus detractis ∇)
eo legionarios milites legionis decimae,
    cui maxime confidebat,
imponere,
    ut praesidium quam amicissimum,
        si quid opus facto esset,
    haberet.

Cäsar kam, da er die Unterredung weder an einem Vorwand scheitern lassen wollte noch sein Heil (Leben) der Reiterei der Gallier anzuvertrauen wagte, zu dem Entschluss, dass es das Beste sei, von allen Pferden die gallischen Reiter herunterzunehmen und an ihre Stelle Legionssoldaten der zehnten Legion, der er am meisten vertraute, zu setzen, damit er eine möglichst vertraute Schutzmannschaft habe, wenn es eines Eingreifens irgend bedürfe.

Übung 84   Ut enim fit in proelio,
           ut ignavus miles et timidus,
               simul ac viderit hostem,
           (abiecto scuto ∇) fugiat,
               quantum possit,
           ob eamque causam pereat non numquam (etiam integro corpore ∇),
               cum ei,
                   qui steterit,
               nihil tale evenerit,
sic,
    qui doloris speciem ferre non possunt,
abiciunt se atque ita (adflicti et exanimati Δ) iacent.

Wie es nämlich im Gefecht geschieht, dass ein feiger und ängstlicher Soldat, sobald er den Feind erblickt hat, den Schild wegwirft und flieht, so weit er kann, und aus diesem Grund manchmal auch bei unversehrtem Körper stirbt, während dem, der stehen bleibt, nichts dergleichen passiert, so werfen sich die, die schon den Anblick des Schmerzes nicht ertragen können, weg und liegen so niedergeschlagen und entseelt am Boden.

Übung 85   Atque iis etiam,
           qui vendunt, emunt, conducunt, locant contrahendisque negotiis
               implicantur,
iustitia ad rem gerendam necessaria est,
    cuius tanta vis est,
        ut ne illi quidem,
            qui maleficio et scelere pascuntur,
        possint sine ulla particula iustitiae vivere.

Und auch diejenigen, die verkaufen, einkaufen, pachten, verpachten und sich in Geschäfte verwickeln, brauchen notwendigerweise die Gerechtigkeit zu ihrem Tun, deren Macht so groß ist, dass nicht einmal diejenigen, die von Untat und Verbrechen leben, ohne wenigstens einen Teil der Gerechtigkeit leben können.

Übung 86

Atque etiam,
    si hoc natura praescribit,
        ut homo homini,
            quicumque sit,
        ob eam ipsam causam,
            quod is homo sit,
        consultum velit,
necesse est secundum eandem naturam omnium utilitatem esse communem.

Und es ist auch, wenn die Natur dies vorschreibt, dass der Mensch wolle, dass für den Menschen, wer auch immer er sei, nur aus dem Grund, weil dieser ein Mensch ist, vorgesorgt sei, nach derselben Natur notwendig, dass der Nutzen aller ein gemeinsamer sei.

Bildnachweis

Umschlag: Detail des Gemäldes „Die sieben freien Künste" aus der Werkstatt von Francesco Pesellino (ca. 1422 – 29. Juli 1457). Florenz, ca. 1450
© Birmingham Museum of Art, Alabama, USA; Gift of the Samuel H. Kress Collection
S. 5: © Photographer: Sue Colvil | Agency: Dreamstime.com
S. 6: © Photographer: Alexandre Fagundes | Agency: Dreamstime.com
S. 12: Diese Abbildung basiert auf der Grafik „Map_Gallia_Tribes_Towns.png" aus der freien Enzyklopädie Wikipedia, lizenziert unter der GNU-Lizenz für freie Dokumentation, Version 1.2 oder einer späteren Version. Der Urheber der Grafik ist Feitscherg, http://upload.wikimedia.org/wikipedia/commons/b/ba/Map_Gallia_Tribes_Towns.png.
S. 20: Bildarchiv Steffens/R. R. Steffens
S. 23, 35, 50, 78, 93 links, 114: © Visipix.com
S. 24: Bildarchiv Steffens/Landesmuseum Mainz
S. 27: Rheinisches Landesmuseum Trier
S. 29: Bildarchiv Steffens/M. Jeiter
S. 33: Bildarchiv Steffens/Limbergen
S. 51: Bildarchiv Steffens/D. Riemann
S. 69, 83, 118: bpk
S. 72: bpk/Scala
S. 74, 90, 93 rechts: Bildarchiv Steffens/W. Zimmermann
S. 76: © Photographer: Roger Pueyo Centelles | Agency: Dreamstime.com
S. 87: bpk/RMN/Jean Schormans
S. 102: bpk/Alfredo Dagli Orti

Ihre Meinung ist uns wichtig!

Ihre Anregungen sind uns immer willkommen. Bitte informieren Sie uns mit diesem Schein über Ihre Verbesserungsvorschläge!

Titel-Nr.	Seite	Vorschlag

Lernen • Wissen • Zukunft
STARK

Bitte hier abtrennen

20-V1M

Bitte ausfüllen und im frankierten Umschlag an uns einsenden. Für Fensterkuverts geeignet.

Zutreffendes bitte ankreuzen!

Die Absenderin/der Absender ist:

- ☐ Lehrer/in in den Klassenstufen: _____
- ☐ Fachbetreuer/in
  Fächer: _____
- ☐ Seminarlehrer/in
  Fächer: _____
- ☐ Regierungsfachberater/in
  Fächer: _____
- ☐ Oberstufenbetreuer/in

- ☐ Schulleiter/in
- ☐ Referendar/in, Termin 2. Staatsexamen: _____
- ☐ Leiter/in Lehrerbibliothek
- ☐ Leiter/in Schülerbibliothek
- ☐ Sekretariat
- ☐ Eltern
- ☐ Schüler/in, Klasse: _____
- ☐ Sonstiges: _____

Unterrichtsfächer: (Bei Lehrkräften!)

_____

**STARK Verlag
Postfach 1852
85318 Freising**

Kennen Sie Ihre Kundennummer?
Bitte hier eintragen.

Absender (Bitte in Druckbuchstaben!)

Name/Vorname

Straße/Nr.

PLZ/Ort/Ortsteil

Telefon privat | Geburtsjahr

E-Mail

Schule/Schulstempel (Bitte immer angeben!)

✂ Bitte hier abtrennen

Sicher durch alle Klassen!

Lernerfolg durch selbstständiges Üben zu Hause! Die von Fachlehrern entwickelten Trainingsbände enthalten alle nötigen Fakten und viele Übungen mit schülergerechten Lösungen.

Mathematik – Training

Mathematik – Übertritt an weiterführende Schulen	Best.-Nr. 90001
Mathematik 5. Klasse	Best.-Nr. 90005
Mathematik 5. Klasse Baden-Württemberg	Best.-Nr. 80005
Klassenarbeiten Mathematik 5. Klasse	Best.-Nr. 900301
Mathematik 6. Klasse	Best.-Nr. 900062
Bruchzahlen und Dezimalbrüche	Best.-Nr. 900061
Klassenarbeiten Mathematik 6. Klasse	Best.-Nr. 900302
Algebra 7. Klasse	Best.-Nr. 900111
Geometrie 7. Klasse	Best.-Nr. 900211
Klassenarbeiten Mathematik 7. Klasse	Best.-Nr. 900311
Mathematik 8. Klasse	Best.-Nr. 900121
Lineare Gleichungssysteme	Best.-Nr. 900122
Klassenarbeiten Mathematik 8. Klasse	Best.-Nr. 900321
Algebra und Stochastik 9. Klasse	Best.-Nr. 900138
Geometrie 9. Klasse	Best.-Nr. 900221
Klassenarbeiten Mathematik 9. Klasse	Best.-Nr. 900331
Algebra und Stochastik 10. Klasse	Best.-Nr. 900148
Geometrie 10. Klasse	Best.-Nr. 900248
Klassenarbeiten Mathematik 10. Klasse	Best.-Nr. 900341
Potenzen und Potenzfunktionen	Best.-Nr. 900141
Wiederholung Algebra	Best.-Nr. 90009
Wiederholung Geometrie	Best.-Nr. 90010
Kompakt-Wissen Algebra	Best.-Nr. 90016
Kompakt-Wissen Geometrie	Best.-Nr. 90026
Kompakt-Wissen Grundwissen Algebra · Stochastik · Geometrie – Bayern	Best.-Nr. 900168

Mathematik – Zentrale Prüfungen

VERA 8 – Mathematik Version C: Gymnasium	Best.-Nr. 955082
Bayerischer Mathematik-Test (BMT) Gymnasium 8. Klasse Bayern	Best.-Nr. 950081
Bayerischer Mathematik-Test (BMT) Gymnasium 10. Klasse Bayern	Best.-Nr. 950001
Vergleichsarbeiten Mathematik 7. Klasse Gymnasium Baden-Württemberg	Best.-Nr. 850061
Vergleichsarbeiten Mathematik 9. Klasse Gymnasium Baden-Württemberg	Best.-Nr. 850081
Vergleichsarbeiten Mathematik 11. Klasse Gymnasium Baden-Württemberg	Best.-Nr. 850011
Zentrale Klausur Mathematik Nordrhein-Westfalen	Best.-Nr. 550003
Mittlerer Schulabschluss Mathematik Berlin	Best.-Nr. 1115001
Training MSA Mathematik – Berlin	Best.-Nr. 111500
Zentrale Prüfung Mathematik 10. Klasse Gymnasium Brandenburg	Best.-Nr. 1250001
Besondere Leistungsfeststellung Mathematik 10. Klasse Gymnasium Sachsen	Best.-Nr. 1450001
Besondere Leistungsfeststellung Mathematik 10. Klasse Gymnasium Thüringen	Best.-Nr. 1650001

Physik

Physik – Mittelstufe 1	Best.-Nr. 90301
Physik – Mittelstufe 2	Best.-Nr. 90302
Physik Übertritt in die Oberstufe	Best.-Nr. 80301

Deutsch – Training

Klassenarbeiten und Tests 5. Klasse	Best.-Nr. 104051
Leseverstehen 5./6. Klasse	Best.-Nr. 90410
Rechtschreibung und Diktat 5./6. Klasse mit CD	Best.-Nr. 90408
Grammatik und Stil 5./6. Klasse	Best.-Nr. 90406
Aufsatz 5./6. Klasse	Best.-Nr. 90401
Klassenarbeiten und Tests 7. Klasse	Best.-Nr. 104071
Leseverstehen 7./8. Klasse	Best.-Nr. 90411
Grammatik und Stil 7./8. Klasse	Best.-Nr. 90407
Aufsatz 7./8. Klasse	Best.-Nr. 90403
Aufsatz 9./10. Klasse	Best.-Nr. 90404
Deutsche Rechtschreibung 5.–10. Klasse	Best.-Nr. 90402
Übertritt in die Oberstufe	Best.-Nr. 90409
Kompakt-Wissen Rechtschreibung	Best.-Nr. 944065
Kompakt-Wissen Deutsch Aufsatz Unter-/Mittelstufe	Best.-Nr. 904401

Deutsch – Zentrale Prüfungen

VERA 8 – Deutsch Version C: Gymnasium mit Audio-CD	Best.-Nr. 955482
Jahrgangsstufentest Deutsch 6. Klasse Gymnasium Bayern	Best.-Nr. 954061
Jahrgangsstufentest Deutsch 8. Klasse Gymnasium Bayern	Best.-Nr. 954081
Zentrale Klausur Deutsch – Nordrhein-Westfalen	Best.-Nr. 554003
Mittlerer Schulabschluss Deutsch Berlin	Best.-Nr. 1115401
Training MSA Deutsch – Berlin	Best.-Nr. 111540
Besondere Leistungsfeststellung Deutsch 10. Klasse Gymnasium Sachsen	Best.-Nr. 1454001
Besondere Leistungsfeststellung Deutsch 10. Klasse Gymnasium Thüringen	Best.-Nr. 1654001

(Bitte blättern Sie um)

Englisch Grundwissen

Englisch Grundwissen 5. Klasse mit MP3-CD Lesen · Schreiben · Hören · Wortschatz	Best.-Nr. 90516
Englisch Grundwissen Grammatik 5. Klasse	Best.-Nr. 90505
Klassenarbeiten Englisch 5. Klasse mit Audio-CD	Best.-Nr. 905053
Englisch Grundwissen 6. Klasse	Best.-Nr. 90506
Klassenarbeiten Englisch 6. Klasse mit Audio-CD	Best.-Nr. 905063
Englisch Grundwissen 7. Klasse	Best.-Nr. 90507
Klassenarbeiten Englisch 7. Klasse mit Audio-CD	Best.-Nr. 905073
Englisch Grundwissen 8. Klasse	Best.-Nr. 90508
Englisch Grundwissen 9. Klasse	Best.-Nr. 90509
Klassenarbeiten und Tests Englisch 9. Klasse mit MP3-CD	Best.-Nr. 105093
Englisch Grundwissen 10. Klasse	Best.-Nr. 90510
Textproduktion 9./10. Klasse	Best.-Nr. 90541
Englisch Übertritt in die Oberstufe	Best.-Nr. 82453

Englisch Kompakt-Wissen

Kompakt-Wissen Kurzgrammatik	Best.-Nr. 90461
Kompakt-Wissen Grundwortschatz	Best.-Nr. 90464

Englisch Leseverstehen

Leseverstehen 6. Klasse	Best.-Nr. 90525
Leseverstehen 8. Klasse	Best.-Nr. 90522
Leseverstehen 10. Klasse	Best.-Nr. 90521

Englisch Hörverstehen

Hörverstehen 6. Klasse mit CD	Best.-Nr. 90511
Hörverstehen 7. Klasse mit CD	Best.-Nr. 90513
Hörverstehen 9. Klasse mit CD	Best.-Nr. 90515
Hörverstehen 10. Klasse mit CD	Best.-Nr. 80457

Englisch Rechtschreibung

Rechtschreibung und Diktat 6. Klasse mit 2 CDs	Best.-Nr. 90532
Englische Rechtschreibung 9./10. Klasse	Best.-Nr. 80453

Englisch Wortschatzübung

Wortschatzübung 6. Klasse mit CD	Best.-Nr. 90519
Wortschatzübung Mittelstufe	Best.-Nr. 90520

Englisch Übersetzung

Translation Practice 1 / ab 9. Klasse	Best.-Nr. 80451
Translation Practice 2 / ab 10. Klasse	Best.-Nr. 80452

Sprachenzertifikat · DELF

Sprachenzertifikat Englisch Niveau A 2 mit Audio-CD	Best.-Nr. 105552
Sprachenzertifikat Englisch Niveau B 1 mit Audio-CD	Best.-Nr. 105550
Sprachenzertifikat Französisch DELF B1 mit MP3-CD	Best.-Nr. 105530

Englisch – Zentrale Prüfungen

VERA 8 – Englisch Version C: Gymnasium mit Audio-CD	Best.-Nr. 955582
Jahrgangsstufentest Englisch 6. Klasse mit MP3-CD Gymnasium Bayern	Best.-Nr. 954661
Mittlerer Schulabschluss Berlin Englisch mit MP3-CD	Best.-Nr. 1115501
Training MSA Englisch mit MP3-CD – Berlin	Best.-Nr. 111550
Besondere Leistungsfeststellung Englisch 10. Klasse mit CD Gymnasium Sachsen	Best.-Nr. 1454601
Besondere Leistungsfeststellung Englisch 10. Klasse Gymnasium Thüringen	Best.-Nr. 1654601

Französisch

Französisch im 1. Lernjahr	Best.-Nr. 905502
Rechtschreibung und Diktat 1./2. Lernjahr mit 2 CDs	Best.-Nr. 905501
Französisch im 2. Lernjahr	Best.-Nr. 905503
Französisch im 3. Lernjahr	Best.-Nr. 905504
Französisch im 4. Lernjahr	Best.-Nr. 905505
Wortschatzübung Mittelstufe	Best.-Nr. 94510
Kompakt-Wissen Kurzgrammatik	Best.-Nr. 945011
Kompakt-Wissen Grundwortschatz	Best.-Nr. 905001

Latein

Latein I/II im 1. Lernjahr 5./6. Klasse	Best.-Nr. 906051
Latein I/II im 2. Lernjahr 6./7. Klasse	Best.-Nr. 906061
Latein I/II im 3. Lernjahr 7./8. Klasse	Best.-Nr. 906071
Übersetzung im 1. Lektürejahr	Best.-Nr. 906091
Übersetzung im 2. Lektürejahr	Best.-Nr. 906092
Wiederholung Grammatik	Best.-Nr. 94601
Wortkunde	Best.-Nr. 94603
Kompakt-Wissen Kurzgrammatik	Best.-Nr. 906011

Spanisch

Spanisch im 1. Lernjahr	Best.-Nr. 905401
Spanisch im 2. Lernjahr	Best.-Nr. 905402

Chemie/Biologie

Chemie – Mittelstufe 1	Best.-Nr. 90731
Chemie – Mittelstufe 2	Best.-Nr. 90732
Kompakt-Wissen Chemie – Mittelstufe	Best.-Nr. 907301
Besondere Leistungsfeststellung Chemie 10. Klasse Gymnasium Thüringen	Best.-Nr. 1657301
Besondere Leistungsfeststellung Biologie 10. Klasse Gymnasium Thüringen	Best.-Nr. 1657001
Kompakt-Wissen Biologie – Mittelstufe	Best.-Nr. 907001
Kompakt-Wissen Biologie – Fachbegriffe der Biologie	Best.-Nr. 94714

Geschichte

Kompakt-Wissen Geschichte Unter-/Mittelstufe	Best.-Nr. 907601

Ratgeber „Richtig Lernen"

Tipps und Lernstrategien – Unterstufe	Best.-Nr. 10481
Tipps und Lernstrategien – Mittelstufe	Best.-Nr. 10482

Bestellungen bitte direkt an:
STARK Verlagsgesellschaft mbH & Co. KG · Postfach 1852 · 85318 Freising
Tel. 0180 3 179000* · Fax 0180 3 179001* · www.stark-verlag.de · info@stark-verlag.de
*9 Cent pro Min. aus dem deutschen Festnetz, Mobilfunk bis 42 Cent pro Min.
Aus dem Mobilfunknetz wählen Sie die Festnetznummer: 08167 9573-0

Lernen · Wissen · Zukunft